註：本書主[illegible]台灣人變成朋友的指南書」
也希望大家[illegible]重新發現台灣的優點，
但是，是不[illegible]成好朋友，狀況因人而異。

catch

catch your eyes；catch your heart；catch your mind……

catch 142 台灣你好本子

作者：青木由香
譯者：黃碧君
責任編輯：繆沛倫
美術設計：青木由香
法律顧問：全理法律事務所董安丹律師
出版者：大塊文化出版股份有限公司
台北市105南京東路四段25號11樓
www.locuspublishing.com
讀者服務專線：0800-006689
TEL：(02) 87123898　FAX：(02) 87123897
郵撥帳號：18955675　戶名：大塊文化出版股份有限公司

總經銷：大和書報圖書股份有限公司
地址：台北縣五股工業區五工五路2號
TEL：(02) 89902588（代表號）　FAX：(02) 22901658

初版一刷：2008年3月
定價：新台幣 260元
Printed in Taiwan

台湾
你好本子
ニーハオノート

這本書是我只會說「你好」時去拜訪，並立刻喜歡上的台灣的種種。裡面收藏了我個人特別有感覺的「你好」的內容，像是日本來的朋友覺得很能接受的東西，或是目前為止還沒有向任何人介紹過的台灣。裡面充滿了我個人的情感，還有一些或許大家會認為管太多的閒事，請捨棄先入為主的觀念，把它當成是另類體驗台灣的方式。

我希望讀了這本書的人，即使沒有我在身邊，也能宛如有我這個導遊跟在身邊，能吃到好吃的東西，和台灣人成為好朋友，在台灣大笑，那我會很開心。本書中各處有附加一些「給店裡的人的話」，請大家把它當成小道具好好利用，製造結交當地朋友的契機。即使語言不通，**我們一定也可以和台灣人成為很要好的朋友。**

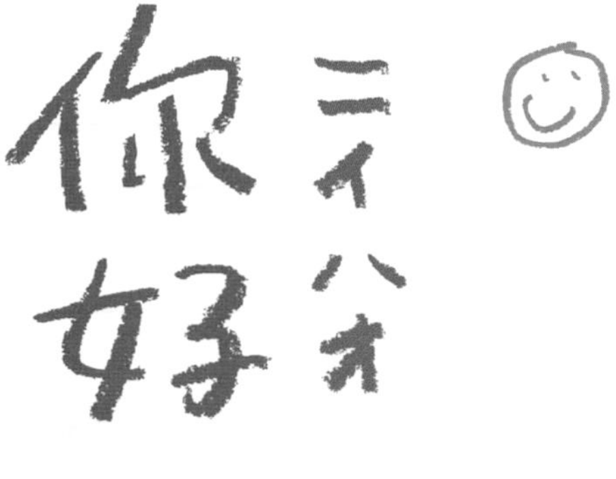

使用本書時注意事項

台灣人看太多日本的節目，並且對日本的雜誌等事物十分熱衷。很多人以念力來理解日文。除了日本統治時期接受日文教育的年長者外，一般人日文的普及率很高，最近年輕人連關西腔也聽得懂。即使不會講但卻聽得懂，如果日本旅客想要講一些不想讓對方聽得懂的話，要下一番工夫，練習像時代劇中的捕頭使用的江戶腔才行。

岔開話題了。

換句話說，台灣人對日本人很感興趣。在台灣有很多人在心裡一直想和日本人成為朋友但卻不好意思行動。台灣人親切率直有點怪又可愛。每個人的笑容都十分燦爛。因為個性率直，有時情感的表達太直接脾氣會有點不安定，當然也並非每個人都是親日派。但是，街上有很多不輸給故宮博物院裡的珍奇收藏品的「人」，不和他們交流實在太可惜了。我認為台灣觀光的最大賣點就是和當地的人接觸。

但是，這個世界上，每個地方都有壞人，在台灣當然也要小心。因此，旅行時的注意事項請參考本書以外的資訊完整的旅遊書把注意之處銘記在心，然後，保持適度的警戒和平常心，在台灣悠閒自在地旅遊吧。

步

台灣你好本子

目次

ニイハオノート

＊遊客止步＝禁止遊客進入。讀了本書的人，已超越了遊客的身份，將完全迷戀上台灣，故使用這張照片。

Taiwanese,
Japansese,
and
Xiolongbao

台灣人和日本人和小籠包

台灣人很熱衷於推銷自己喜歡的東西，尤其對吃的東西更是熱心。一起去吃飯時，時常會被問到：「想吃什麼？」但最後卻總是帶我們這些外國人去不是我們回答的店。去到和自己的回答不同的店裡又被問到：「要吃什麼？」於是我們外國人開始認真地研究菜單，但點菜時台灣人卻又心平氣和地跟服務生點了完全不同的菜。台灣人不是想要捉弄外國人，他們只是超級熱心罷了。也多虧如此，我知道了許多不同的店，才能寫這本書。
喜歡強迫推銷自己喜歡的東西，而且很注重飲食的台灣人也很喜歡日本人。對於日本人來台灣必定要吃的小籠包，台灣人實在很想發表自己的看法。

台
湾人

在《The New York Times》中鼎泰豐被選為「世界十大餐廳」，是受到評價的知名小籠包餐廳。這裡每天都擠滿了日本人，每次說出這間知名的店名，台灣人卻立刻回答——

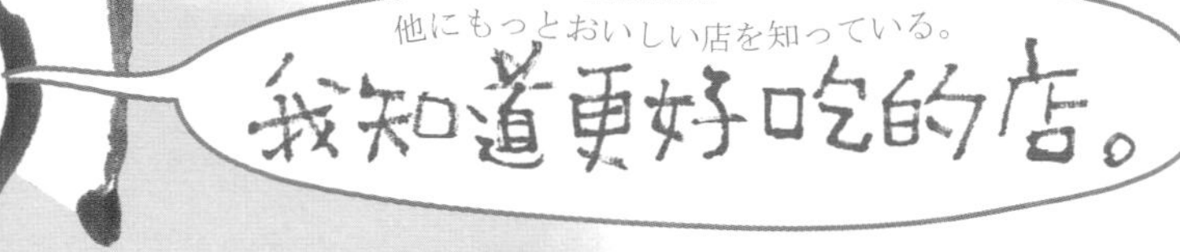
他にもっとおいしい店を知っている。
我知道更好吃的店。

聽到這樣的反應，身為觀光客的我們立刻會被這句話所吸引，但其實小籠包有許多不同的種類。

小籠包的價格可以從 50 元到超過 200 元不等，便宜的和貴的相距甚遠。且並非全都是像鼎泰豐的小籠包一樣為薄薄的外皮中包著滿滿肉汁的小籠包。也有皮和內餡都很厚實的，或是像肉包的縮小版的小籠包。其實，小籠包主要可以分成小籠包和小籠湯包二種。其中皮薄肉汁很多的，正確來說應該是小籠湯包，但是 A 店的小籠包可以像 B 店的小籠湯包一樣多汁，店的主人所說的小籠包包括了小籠包和小籠湯包。但說到小籠湯包時，就是指小籠湯包。所以小籠包的定義只存在於字典裡，現實中並不存在。

而且，加上個性多樣豐富的台灣人每個人認知都不同，

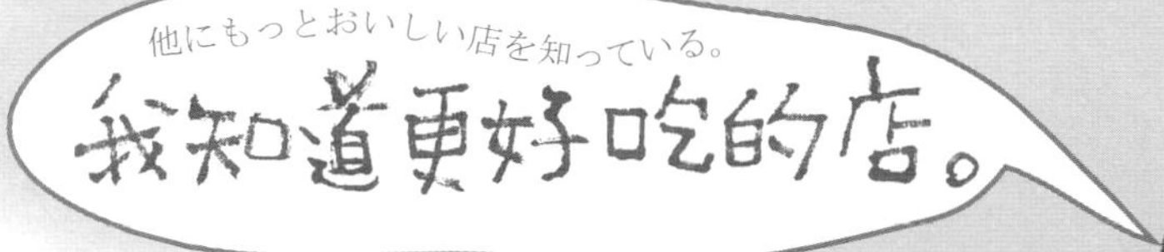
他にもっとおいしい店を知っている。
我知道更好吃的店。

台
湾人

說出這句話的台灣人，可能是基於價格（價格比較便宜）上的考量認為相對來說好吃而這麼說的。因為台灣的麵食文化豐富多樣，也有人認為厚皮有嚼勁的小籠包才好吃。還有些人認為汁少才好吃。另外也有人是吃慣了自己家附近的店家的味道而覺得好吃。更有人認為不用排隊的店才好吃。還有許多人明明沒去過鼎泰豐卻這麼說（註：還不少）。他們的標準並不一定是我們認定的皮薄肉汁多的小籠包。所以，我建議還是去吃一次皮薄肉汁多的鼎泰豐，再去和其他的店做比較。

明月湯包

江浙點心

杭州小籠包

鼎泰豐

寫了冗長的前言，在我了解這些狀況後，列舉出幾家我收集的小籠包的情報。相較於價錢，我覺得好吃的店，請各位參考。

杭州小籠湯包

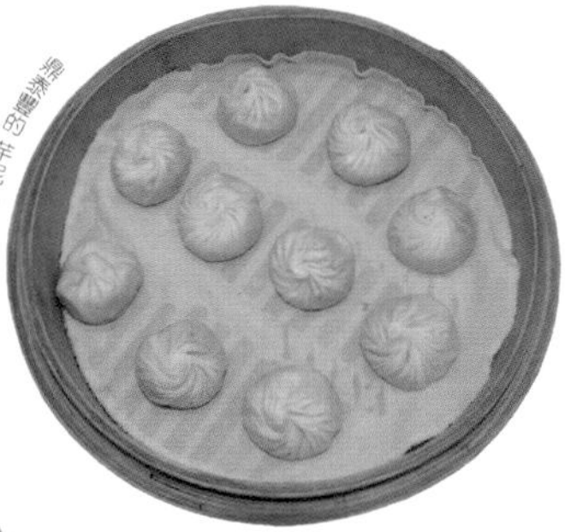

鼎泰豐的芋泥小包

鼎泰豐（P.13 Map 1, 2）
主要的特色為女服務生會穿迷你裙及廁所使用 TOTO「音姬」（註：音姬是一個廁所裝的機械，功能是不讓別人聽到自己尿尿的聲音）。會不自覺地想按下在日本不會想要按的音姬鍵。在一開始營業立刻去的話，可以不用排隊。即使很多人也可以先領號碼牌，到附近逛一逛打發時間，附近有很多可以逛的，所以排隊過程沒有想像中的痛苦，到 MRT 忠孝敦化的分店也是不錯的選擇。皮薄的 10 個 170 元。

京鼎豐（P. 13 Map 3）
鼎泰豐出身的學徒出來開的店。雖然沒有迷你裙美女，但味道和鼎泰豐類似。不用排隊，也比較便宜，還可以從免稅店走過去。這裡可以隨時吃到鼎泰豐的小顆小籠包浮在湯上的限定 menu。皮薄。10 個 120 元。

明月湯包（P.13 Map 4）
皮有點脆黏成一片的鍋貼（煎餃）80 元、醬料加水煮荷包蛋的乾麵、我喜歡的招牌乾拌麵 40 元。明月湯包 8 個 90 元，皮有一點點厚。

蘇杭點心店的活招牌美女

京鼎豐
京鼎小館
永和豆漿
蘇杭點心店
高記

善導寺的永和豆漿

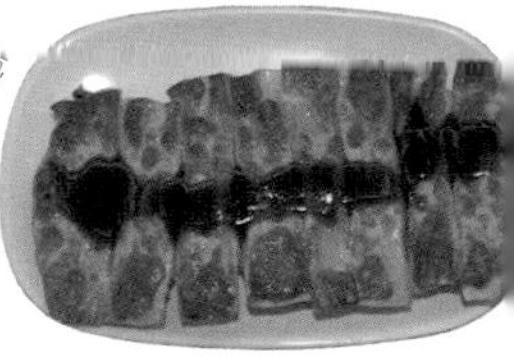
杭州小籠湯包的鍋貼

杭州小籠湯包（P. 13 Map 9, 10）
人潮多的店。離杭州本店一百公尺處還有杭州一店，分店比起本店主要以觀光客為對象。在台灣即使是一樣的經營者，本店和分店的味道有時也會不同，但這裡不用擔心這一點。營業到很晚，半夜吃小籠包要注意，可能會因油膩而不好消化。有一點大的小籠湯包 8 個 80 元。

江浙點心（P. 13 Map 11）
平民價位的店。也順便推薦豆皮裡包很多菜的油豆腐細粉、油豆腐雪菜細麵。皮有一點厚。

永和豆漿（P. 13 Map 5）
二十四小時營業的平民早餐店。手工速食味的小籠湯包。一定要試試台灣飯糰和蒸餃。大顆皮厚。8 個 50 元的味道。

京鼎小館（P. 13 Map 6）
京鼎豐的連鎖店。這裡也可以隨時吃到鼎泰豐的小顆小籠包浮在湯上的限定 menu。和鼎泰豐比起來，我個人認為似乎味道更濃，皮薄。

高記（P. 13 Map 7）
除了小籠包，還有很多其他各式各樣的 menu。我很喜歡這裡的醋。就在鼎泰豐附近，最令人高興的是不用排隊。

蘇杭點心店（P. 13 Map 8）
平民風，味道無可挑剔。創業 45 年的老店的招牌店員黃小姐活潑又可愛！光見到她就覺得值得了。芝麻小籠包＜桂花芝麻小包 3 個 55 元＞皮薄，內餡是濃稠的芝麻泥，必嘗！小籠包皮薄。

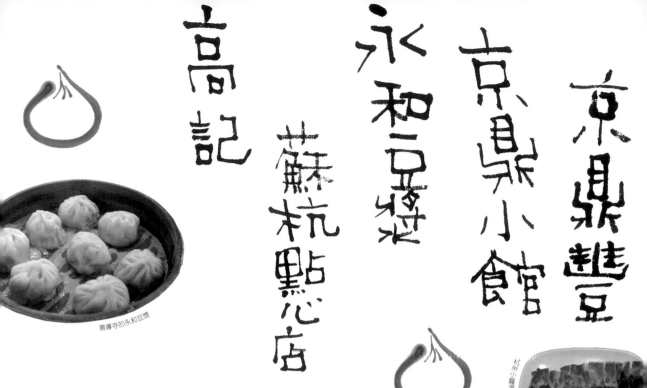

日本朋友來每次必遵守青木由香規定的小籠包吃法

一、不要拍照，趁熱趕快吃。

剛出爐是關鍵，照片在旅遊書中多的是，不用浪費時間拍照，
務必趕緊趁熱吃。

二、用筷子夾住小籠包頂部，小心絕對不能弄破，
用湯匙在下面盛著。

小籠包的醍醐味即是入口後在嘴裡咬破肉汁在嘴裡四溢的味道，
不用裝優雅，一口氣塞進嘴裡！
用筷子戳開根本是外行人的吃法，枉費了做小籠包的人的苦心。

三、首先什麼都不沾，吃原味！

享受肉汁的原味，不用沾醬油其實也很好吃。
要注意的是鼎泰豐的迷你裙小姐有時會多管閒事地把醬油和醋倒進你的小盤子裡，要在這之前趕緊用手蓋住小碟子。但是，迷你裙美女根本不懂自己說出口的日文台詞，倒醬油的時機實在很微妙（因為她們根本不理解她們講的日文），連我有時都來不及阻止。

四、第二個只沾醋和薑絲一起吃。

小籠包店的醋很好吃，薑也和日本的不同，一點都不辣。
我從頭到尾不沾醬油，維持這個吃法。

五、第三個請自由享用。

如果還是覺得不鹹那沒辦法，沾醬油吃也不壞啦。
但是，絕對嚴禁用筷子戳開再吃。

順便一提，我的日本朋友來時，
因為都是很短程的旅行，我想盡量讓他們多嚐一點東西再回去，
所以有時去小籠包店只點小籠包。
其他的東西，大多是又貴又四處吃得到的味道，
在這裡就把肚子塞滿太可惜了。

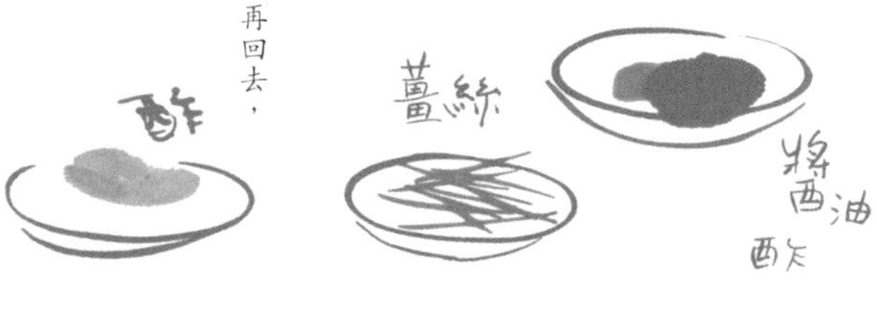

小籠包地圖

1 鼎泰豐本店：台北市信義路二段 194 號　10:00~21:00 ／六日 9:00~

2 鼎泰豐忠孝店：台北市忠孝東路四段 218 號　10:30~14:00 ／ 16:00~22:00 ／六日 10:00~

3 京鼎豐：台北市長春路 47 號　11:00~14:30 ／ 17:00~ 深夜 0:00　週一休

4 明月湯包：台北市基隆路二段 162~4 號　11:00~14:30 ／ 17:00~21:30　週一休

5 永和豆漿：台北市紹興南路 5 之 3（從善導寺站忠孝東路一段往台北車站方向走第三條巷子紹興南路右轉）

6 京鼎小館：台北市敦化北路 155 巷 13 號　10:30~14:30 ／ 17:00~21:00 ／六日 9:30~　週一休

7 高記：台北市永康街 3 號　8:00~22:00

8 蘇杭點心店：台北市羅斯福路 2 段 14 號　10:30~20:30　週日休

9 杭州小籠湯包本店：台北市杭州南路 2 段 53 號之 5 16:00~23:00　週一休

<給路邊的台灣人的一句話>

請問，可不可以介紹我好吃的小籠包？

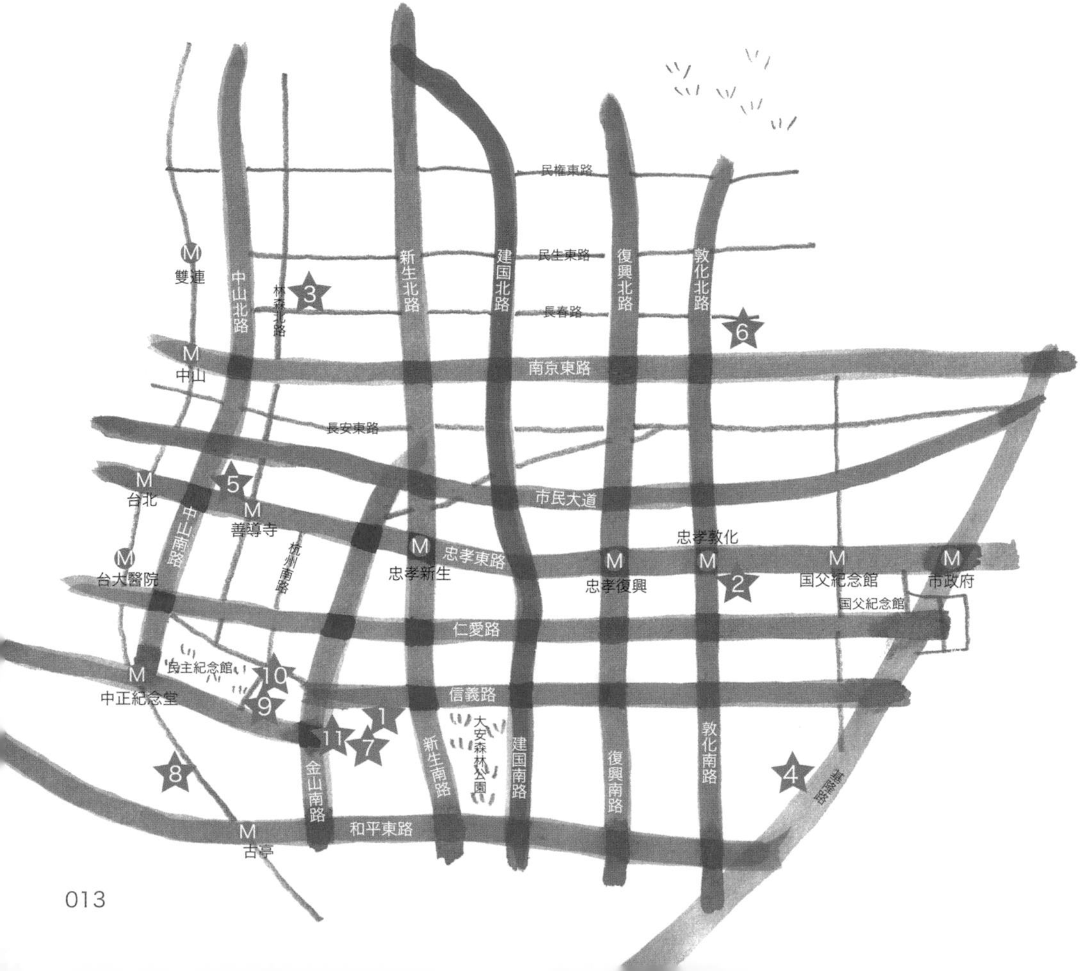

大略的分布圖。
也可以在住處的附近找一間小籠包店品嚐看看。

夜店

酒場

台北人不像日本人每晚都小酌，尤其女生喝酒的人更少。與其說是細細品味酒，不如說是為了喝醉 因此我將之稱為「軍人狂飲法」。男生似乎在當兵時都會被灌酒，所以都是一口氣灌酒的狂飲法，這種喝酒的方式我想原因在於喝酒文化的不同。

中文中的「乾杯」意為「一口氣」喝乾。「敬酒」的酒的禮儀是要喝時一定要把酒杯舉高，然後以眼神邀請對方一起喝。不能一個人默默地喝，而且不能拒絕別人的敬酒，雖然可以用「隨意」這樣的台詞來逃脫，但一樣得喝上一口才行。所以無法以自己的步調來喝酒。尤其當你是座上唯一的外國人時，「敬酒攻擊」就會像箭般齊飛過來，我們馬上就

外觀都使用古老的窗框，讓人很好奇「這到底是什麼店？」

台北UC NOODLE BAR

<TAIPEI UC NoodleBar>

日本的服裝品牌 UNDER COVER 的台北店，雖然是服飾店，但店裡的一角卻有個 Noodle Bar。這個 Bar 所供應的麵是以小籠包聞名的鼎泰豐的麵，酒則是下一頁會介紹的 BAR CODE 的技術提供。茶則是對茶有研究的人一定聽過的有機赤蘭的茶，是一家十分特別的店。還能品嘗在鼎泰豐吃不到的料理。

台北市忠孝東路 4 段 40 巷 181 號 11:30~21:30

會喝到醉醺醺。因此，我提醒大家盡量不要和別人眼神交接，而且假裝聽不懂中文含糊帶過。但敵人卻會以禮儀為武器不斷來襲。如果有機會和台灣人一起喝酒的話，先要有覺悟，不是一開始就宣稱完全不能喝酒放棄喝酒的機會，不然就是會被灌到爛醉。

此外，台灣人很少像日本人一樣，平常吃飯時也一邊喝酒。通常一回到家，泡完澡，休息一下，一點半左右才集合，晚飯請各自先行解決。如果因為約好要喝酒而空著肚子等，那可是損失慘重。

因此，不像日本一樣，並不是每一家吃飯的餐館都有酒可以喝，故我在這裡介紹除了提供啤酒外，可以「又喝又吃」的店、「可以慢慢品酒」的店、可以「邊玩邊喝」的店。有加上這個時髦標誌的店，請不要小看它們。

時髦標誌↓

九番坑

<九番坑>
突然出現在看似不起眼的台灣普遍的兩層舊公寓的二樓，很有 sense 的懷舊風台灣料理店。在裝飾了很多花的空間裡，用碗盛酒喝。料理上也有花裝飾，好像是從擺飾的花直接摘下來的。附近沒有捷運站，請坐計程車去。
台北市長安東路 2 段 172-1 號 2 樓　18:00~ 翌 1:00

Sofa

<Sofa>
服裝設計師開的 lounge bar，年輕人聚集的時髦流行店，因為總是高朋滿坐，只有從外面偷窺過。最近的車站為忠孝敦化站。
台北市敦化南路 1 段 161 巷 56 號　14:00~ 翌 3:00

從外面很羨慕地偷窺裡面的 <Sofa>

BAR CODE

<BAR CODE>
都是別人請我才去，有 DJ 的 lounge bar，也有會日文的店員。雖然店讓人覺得難以融入，但裡面的服務生卻很親切。會從像山一樣多的雞尾酒中依客人的喜好推薦適合客人的口味。最近的捷運站市政府。
台北市松壽路 18 號 B1　預約專線　02-2775-3201

酒場酒場

COU COU

＜COU COU＞

Counter bar。裡面有位慵懶的老闆娘和貓的店。勉強要說近的車站，中正紀念堂或古亭。但是，兩者都不太近。

台北市永康街 46-1 號

ROOM 18

＜ROOM 18＞

有可以坐著喝酒的位子並可以跳舞的店。只有偷瞄過，因為都是年輕人，所以不適合我去。最近的捷運站市政府。

台北市松壽路 22 號 B1

http://www.room18.com.tw

OBASAN

＜OBASAN＞

沒有想像中貴，可以吃到魚等等想像不到的日本居酒屋的熟悉菜餚。最近的車站為忠孝敦化，店員以毅力努力說日語。

台北市敦化南路一段 177 巷 15 號 1 樓

12:00~14:00 ／ 18:00~24:00

BROWN SUGER

＜BROWN SUGER＞

Jazz Bar。每天晚上都有現場演唱，成人風的店。週末去的話要預約。最近的是市政府站。

台北市松仁路 101 號　電話 02-2780-1110

12:00 ~ 翌日 3:00（五六到翌日 4:00）

http://www.brounsugar.com.tw

卡拉 OK 夜店
阿輝的店

1

千川
酒場

阿輝的店位於號稱台灣的歌舞伎町（？）當地的日本上班族的休息站（？）的林森北路。雖然我不曾在林森北路喝過酒，但因為朋友說林森北路很奇怪又有趣，最好去看一看，所以請朋友帶我去。

阿輝是位不會喝酒而且喜歡看書，反而比較適合開文學 cafe 的小個子歐吉桑。但卻身穿拉客般的和式法被，每天在一旁溫柔地對唱歌的客人拍手微笑。400元（好像要改價格）附二瓶啤酒，加上卡拉 OK 隨你唱。學生的話有優惠價350元（應該是賠本價）。好像還可以帶外面攤販的外食進去。這裡的卡拉 OK 是口頭點歌後，有人會親手把帶子放進去，

千川 人文資產思源本舖
スナック
(台灣・台北店
創店・・1980年)
(台灣)

店址：台北市中山北路一段121巷18號
(天津街・七條通口)
電話：(02)2531-9911
網址：http://home.kimo.com.tw/chikawa2003
營業時間：PM19:00 至 AM04:00

※本店經營哲學之一：
提供：人情、人心、人味、人性的服務，
是本店唯一銷售之品目。
※本店經營信條之一：
服務是目的，利益是結果。

ふるさとの雰囲気
ふるさとの歌謡曲
異国で……家族で……

8

台北市圍棋協會 理事兼執行秘書長
千川 スナック (台北店1980年創立)
張 呂 輝
會址：〒103台灣・台北市[redacted]
電話：[redacted]
傳真：[redacted]
E-mail:[redacted]
店址：〒104台灣・台北市中山北路一段121巷18號
電話：(〇二)二五三一—九九一一
行動電話：[redacted]

9

——人生哲學信仰——
※人、可以平凡得沒有智慧，
但不能無知得自認為。
※感恩——就是愛。
※當人賦予生活(生命)意義的時候，
那麼生活(生命)對他也才產生了意義。

在台灣也已經是超罕見的古老式卡拉OK。

店內為了營造日本風格而刻意裝飾，但反而變得很奇怪，每年農曆除夕會設計新的主題為店內換上新的模樣。當然沒有新歌，也沒有漂亮的陪酒小姐，但阿輝先生的好客以及店內奇特的氣氛佐啤酒也就夠愉快了。開業已二十六年，一直拒絕採訪的神秘夜店。

1 穿著特製的法被招待客人的阿輝。 2 現在依然還使用卡帶的卡拉OK。 3 店裡四處寫著阿輝的人生哲學。 4 主題式的日本風格室內裝潢。 5 千川的天花板。 6 裝醃漬物下酒菜的小船模樣的碟子。 7 高十公分的舞台下方也有燈飾。 8 千川的名片。名片背後寫著「人情、人心、人味、人性的服務，是本店唯一銷售之品目。服務是目的，利益是結果。」千川的標誌不知靈感是從那裡來的？ 9 圍棋協會理事兼執行秘書長的名片。背面寫著「－人生哲學信念－＊人，可以平凡得沒有智慧，但不能無知得自認為。＊感恩－就是愛。＊當人賦予生活（生命）意義的時候，那麼生活（生命）對他也才產生了意義。」

＊註：台灣的樂團不是全部都是這個樣子，當然也有很酷的樂團。

Live house

在日本我很少去這種場所，來到台灣後因室友邀約而去聽現場演唱後，迷上了圖騰（Totem）的現場演唱，開始會去 live house。台灣的樂團不像日本那麼以耍酷掛帥，樂手會和觀眾聊天，而且很會說笑。和日本的觀眾比起來，台灣人很安靜，不動不跳也不搖。有椅子的話就一直坐著聽。但是，很有勇氣喊「咻~咻~」，為了看喜愛的樂團表演也會熱情不減有毅力地排隊。而且，這些排隊的人會坐在地上，有些還會露出股溝，舞台上的樂團和舞台下的觀眾都很有看頭，這就是台灣的 live house 的特徵。

入場時會要求看身份證明，但如果以中文告知十二點以前會走人就不需要證件。

＜河岸留言＞

平日晚上九點半以後入場 300 元，星期六入場一人 350 元（附一杯飲料）。當有人氣的樂團表演時，人會多到擠爆店內。

台北市羅斯福路三段 244 巷 2 號 B1　19:00~ 翌 2:00

http://www.riverside.com.tw

＜女巫店＞

不知為什麼椅子上穿著胸罩的店。店很小，也沒有舞台，有現場演唱時，桌子和椅子會移走，騰出演唱的空間。演唱者和觀眾的距離近到讓人吃驚。

台北市新生南路三段 56 巷 7 號

11:00~24:00（四五六到翌 1:00）

http://www.witchhouse.org

＜The Wall＞

和其他兩家店比起來，算是大型的 live house。通往地下的入口處，有刺青店、caf　、唱片行和雜貨屋（玩具）。可以刺（青）、喝（茶）、買（雜貨）、跳（live）的地方。

台北市羅斯福路四段 200 號 B1　20:00~ 翌 2:00　休／二四

http://www.the-wall.com.tw

2

3

1 圖騰在河岸留言的現場演唱會。這是

搖滾的特別橋段。2 河岸留言前坐著等

女巫店的胸罩椅子。

VVG
好好樣
very very good
名為very very good的
台北兩家café

處 是 綠 葉

雖然有點貴，但店裡的裝潢、料理、飲料都很有特色，讓人一去就愛上這家店。很多花草綠葉，牆上貼著紙箱和橡皮圈裝飾、Thai home industry（泰的銀手工食器廠牌）的湯匙和叉子、麵包也是自家製、料理也是讓人可以一邊吃一邊好奇地研究到底是用什麼材料做的創意滿分菜單，一家像百寶箱的愉快店家。和店員聊天後，知道近期內將改裝。當這本書出版時或許已經看不到牆上的紙箱和橡皮圈，但改裝後的新面貌也很讓人期待！

ハオ ヤン
好樣
VVG BISTRO
since 1999

<VVG BISTRO／好樣>
台北市忠孝東路四段 181 巷 40 弄 20 號
一～五 12:00-23:00／六日 11:00-23:00　＊brunch 只有週末提供

VVG 好樣的料理每一樣都充滿了想像力！有很多有趣的料理，像是香菇的卡布奇諾湯（用咖啡杯裝，有奶泡的淡淡咖啡味的香菇湯）。其實這些都是在定期舉辦的料理發表會上誕生的料理。這個發表會，除了廚房員工外，店員全員參加，大家提出自己擅長的料理的發想，然後將大家的想法融合在這個大餐盤中。所以每道料理都充滿了愛。如此一來全部的店員都很明白創作菜單的辛苦和快樂，店裡的氣氛當然也很棒。大家一起發想的主意真的很好。我也很想在這種職場工作。店名的＜VVG＞是 very very good 的簡稱，連店名都很可愛！

ハオヤン ツァンジョオ

好樣餐桌

VVG TABLE

Since 2005

好樣餐桌位於好樣 BISTRO 相隔 2、3 間處，比較高級。店內是阿拉伯藤蔓花紋（arabesque）風混合歐洲田園風。紅酒種類比好樣餐廳豐富。特徵為室內室外每張都有著不同特色的長桌子。料理和好樣 BISTRO 的輕食風也不同，有前菜、湯、主菜等一整套的正式餐點。推薦「薄荷與新鮮黃檸檬汁」。冰沙狀的綠色檸檬汁有著香草莢和薄荷的芳香，令人一喝即上癮的感動冰品！

感動的薄荷檸檬汁

每天都不一樣

西瓜和玫瑰水的冰沙

＜VVG TABLE／好樣餐桌＞
台北市忠孝東路四段 181 巷 40 弄 14 號
一～五 12:00-23:00／六日 11:00-23:00 ＊早午餐只有

One Day Short Trip

上：客家料理使用很多醃漬的食物。
下：「水井」的美麗店內，外面也有位子。

我喜歡老街。

由不整齊的磚瓦組成的有味道的建築和小巷。

鹿港在晴天沒什麼人的平日下午去過一次，
北埔去過好幾次，比較熟悉他的各種面貌。
從台北只要花幾個小時。
就能咻～地回到古早年代。

雖然北埔也有不錯的住宿處，但之所以不想住
是因為想在一天內享受濃縮的不同時代的氣氛。

不論去幾次，還是能體驗小小的愉悅。
一次全部吃完，會立刻覺得膩，實在太可惜。
從台北前往一個不同的世界。
當天再回到現實。

＊老街：有很多古老的建築物的小鎮

＜北埔＞

客家的老街。六日有市集，很熱鬧。享用完客家料理和擂茶後，再到小巷內閒晃散步。小鎮裡有很多古井。附近也有冷泉，雖然我沒去過。
是東方美人茶的產地，請到老房子的茶屋「水井」品味東方美人茶的冷泡茶香。水井另有經營將老房子改成住宿處的「水堂」。

牛＞新竹縣北埔鄉中正路 1 號　http://www.peipu.com.tw

＜擂茶＞客家的飲品。將樹的果實和茶葉一起搗碎後，用熱水沖泡後飲用。製作過程很有趣。味道和茶完全不同，有點甜。

北埔 Beipu

↑「水堂」的入口。養著金魚的小石池上飄著花。
←「水井」裡面到處都是剪紙。「福」字。

＜交通＞
從台北坐國光號到「竹東」下車。換乘往「北埔」、「獅頭山」或「珊珠湖」方向的新竹客運，在「北埔」下車。從台北如果不塞車約要兩小時。
＊回程的巴士只到傍晚，要趁早搭車。

1 到處都有寺廟。小廟也像一幅畫。
2 大胖子進不去的窄狹「九曲巷」的入口。走進去後別有洞天。

大門也各式各樣，很有特色。

九曲巷的彎彎曲曲道路。紅磚瓦的路加上紅磚瓦的牆。

廟內。
舔著弟弟手中滴下來的雙淇淋的姊姊。

穿過九曲巷後，發現社區活動中心般的建築物。這個古老的小鎮由當地居民守護著。

寺廟中

鹿港 lugang

＜鹿港＞

以前是繁榮的海港城市，以大廟、製作燈籠、傳統點心和海鮮著名。我最喜歡的是又窄又彎曲的老街散步道「九曲巷」。入口在昏暗的雜貨店旁的隙縫，簡直是世上最難找的入口，如果不問當地的人肯定找不到。平日去的話，可以一個人獨占紅磚瓦的彎曲小路，就像坐時光機回到古老的時空。

One Day Short Trip

＜交通＞

在台北的民生西路和承德路的路口的民生站搭統聯客運可以直達，一天大約只有十班車（週末與週間的班次不同），約需三小時。或是搭火車到「彰化」，再轉搭往鹿港的彰化客運。巴士的營運時間較晚，班次也很多。

請不要把普通的東西帶回日本！

～雖然不起眼卻很有價值的土產～

要買土產回日本時，我會盡量挑選有特色的東西。
只帶有價值坐飛機飛回去的土產。
這裡介紹的就是我帶回日本後，很受大家喜愛的東西，也可說是受歡迎的土產機密小抄。請務必參考。

彌月油飯

真的超好吃的油飯

只有上午營業，賣完就關店。我通常在去機場前順道去買。在幾乎很油味道又不怎麼樣的油飯當中，這裡的油飯味道最好，我很喜歡。同樣是糯米飯，粽子都會沾紅紅的甜辣醬，我討厭這種醬。顏色看起來很不健康，味道也是不上不下。看到這個醬總是會不自覺地有氣。所以我也很討厭沾這種醬吃的蚵仔煎（牡蠣的蛋包）。故我大大推薦這裡的油飯。如果要帶回去當伴手禮，不要用盒子裝，用塑膠袋比較有亞洲味，而且油不會漏出來。

油飯一斤 65 元（秤重賣）。也有滷蛋，一顆 7 元。

林合發油飯粿店

台北市迪化街一段永樂市場 1 樓 1041 號

臭豆腐

豆腐的魚露。犯罪的臭豆腐

泡菜

小黃瓜和香菜

醬汁

因為南門市場有調理前的臭豆腐真空包，我曾強迫日本的朋友帶回日本。但是因為包裝不夠密封，因機艙氣壓的關係而裂開，朋友曾打國際電話來跟我抱怨，第二次改成在攤販買炸過的外帶臭豆腐回日本。將沾醬、泡菜、香菜全部分開包，帶回日本後再炸一次就能吃到台灣的原味，深獲好評，但是抽風機下的貓卻逃之夭夭，台灣正好相反，貓咪們都會聚集在臭豆腐店門外。

<要買回去日本時，給店裡人的一句話>

> 我要外帶（ ）份回日本，麻煩你幫我把醬油、泡菜、臭豆腐分開包，臭豆腐不要切開。

芋泥小包

紫色滑嫩的芋泥餡小籠包。到小籠包大快朵頤完剛出爐的小籠包後，再把容易攜帶的芋泥小籠包外帶當成土產。胃的大小和旅行的時間有限，要買土產一定要用大腦。回飯店後請飯店的人幫忙，先放到冷凍庫，回日本後再蒸一次就能吃。其他的東西也可以用這一招。只是，並非所有的飯店都有這項服務。服務好的飯店只要拜託他們應該沒問題。如果不是夏天，當天就要回日本的話，不冷凍應該也沒關係。

coffee
日本高鈣乳酪蛋糕

cheese
日本真加啡蛋糕

阿默典藏蛋糕

又輕又膨鬆，但味道濃郁，在嘴裡立刻溶化的不可思議口感。起司的香味沒有那麼濃，但吃完卻唇齒留香剛剛好。咖啡口味的裡面有咖啡粉末，吃完可能會睡不著，但很美味。兩種口味都不會太甜。如果買夠多的話，還有送到飯店的服務。

Amo 萬華總店：台北市艋舺大道 184 號 1F
Amo 復興分店：台北市復興南路一段 140 號 1F
http://www.amo.com.tw

竹葉貢糖

金門島的特產。花生和麥芽糖作的，日本沒有的酥脆口感的糖果。陰錯陽差的機會下參加了金門特產購物之旅，四處試吃過後 我最喜歡的是「金瑞成」的。還有淡淡大蒜味的「蒜味」貢糖。有一個一個分開包好的便利包裝和竹葉包好後再用紙包裝的高級版本。但是，高級版本容易受潮。所以要豪爽地大口迅速吃掉。

金門特產中心 台北市羅斯福路三段 63 號

芸豆卷

荷花酥

德也的甜點

把知名的茶藝館的甜點打包帶走。或許有很多人不知道，除了餅類的甜點外，其他都可以帶回日本。特別推薦少見的荷花酥和芸豆卷。荷花酥請他不用烤，回去後用預熱的烤箱烤 7 分鐘後趁熱吃，就是美麗美味又受歡迎的土產。

德也茶喫 台北市鎮江街 3-1 號

櫻花蝦

有很濃的鹹味可以當成調味料來使用。料理後會出現有味道的醬汁，拿來炒東西最適合。我推薦用來炒高麗菜，除了大蒜和薑，再加上櫻花蝦，完全不需要再加其他調味料，就是一盤好吃的炒高麗菜。再加一點醋去炒也很好吃。使用櫻花蝦就不需要其他的化學調味料。買回去後最好冷凍保存。
迪化街或市場都可以買到。一斤（600g）約 70 到 100 元

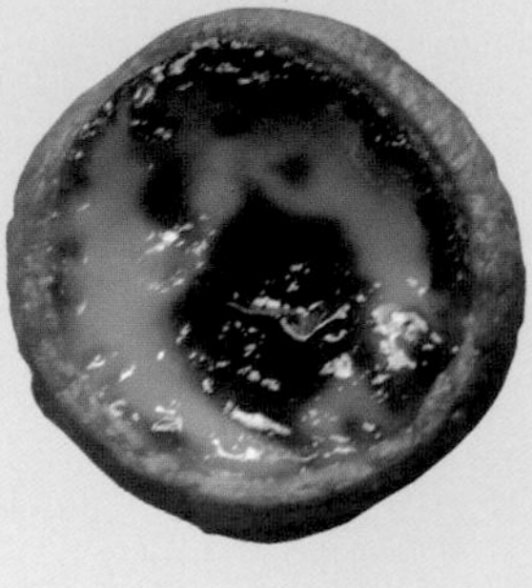

肯德基的蛋撻

蛋撻就是「eggtart」。麵包店賣的蛋撻可能都不是真的用百分百的蛋做成的，中間呈黃綠色（假假的黃色）一點也不誘人。有一般的口味和定期推出的特別口味。微稍冰一下再吃更好吃。肯德基也推薦這種吃法。買六個會裝在盒子裡便於帶回日本。一般口味一個 27 元，特殊口味一個 29 元。

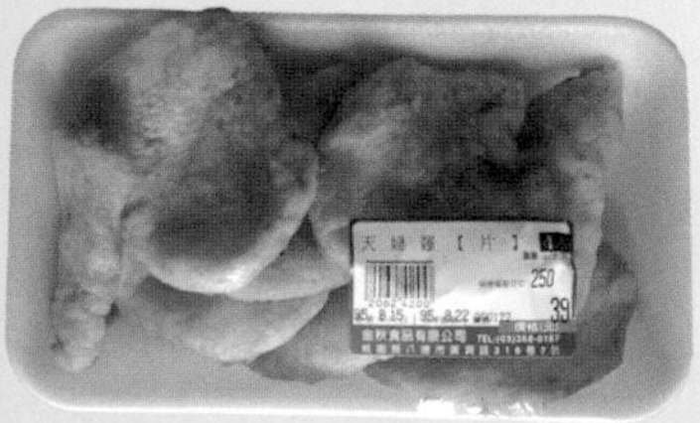

天婦羅

白鹽胡椒
和日本的胡椒有點不同

我想名稱應該是從日本的「天ぷら」的發音來的。魚成份不多的炸天婦羅，QQ 的有點蒜味，是攤販的食材之王。可以煮、炒、炸來吃。和台灣的白鹽胡椒（有特殊的味道）一起買回去就能享受台灣攤販的味道。炸好立刻請大家吃，是很受歡迎的垃圾食物，很適合配啤酒。天婦羅如照片般大小一盒 39 元。白鹽胡椒 35 元左右。胡椒也有不是瓶裝的補充包。

豆花粉

回日本也可以享用台灣的甜品豆花的粉。老舊地區的雜貨店還比一般的商店要常見。去迪化街的食材量販店問，隨處都買得到。包裝有寫製作方法，不用自己從豆漿開始做起，只要用日本也買得到的「可以做豆腐的豆乳」的 100% 豆漿，就能簡單自製豆花。和布丁豆花粉很像，小心不要買錯，那個很難吃。一袋約 10 元左右。

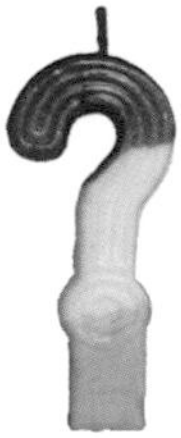

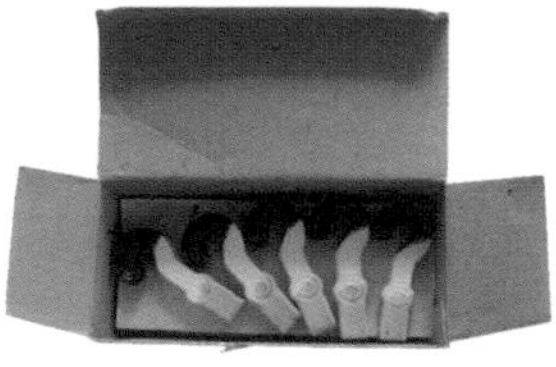

？蠟燭

在台灣生日蛋糕附的蠟燭是數字形狀。像是 33 歲就插二個 3，變成 33。如果不想讓人知道自己的年紀就可以使用這個「？」形狀的蠟燭來裝傻帶過。這盒蠟燭是跟蛋糕店要來的，要買的話，只能買店家專用的一箱 50 根的大包裝。雖然太多，但沒辦法，可以分送給大家，一起忘掉年紀。這家店是專門賣開店用的道具和大包裝的材料，或許也可以挖到意想不到的寶物。

燈燦食品有限公司
台北市民樂街 125 號（迪化街附近）9:00-18:00 週日公休

畫眉パターソ

畫眉板

不予置評！（日文太奇怪）請仔細閱讀包裝下的說明。在師大路的 10 元商店可買到。

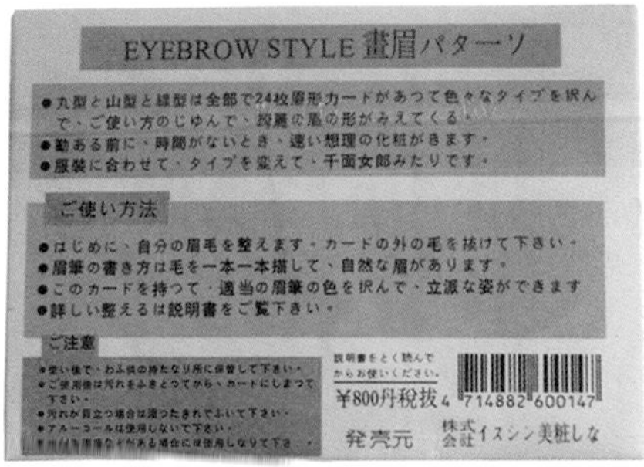

多功能沖茶杯

唯一小缺點是塑膠製的，但是件構造有趣的創意商品。有三重構造，最內層是放茶葉的容器，一旋轉和外側的容器之間會有細縫，沖好的茶就會往下滴。放在容器中的茶和茶葉是分開的，茶葉不會一直泡在水裡。也有構造大同小意的玻璃製品，但我覺得完全透明的塑膠設計很可愛。在雜貨屋等地方 70 元就能買到。

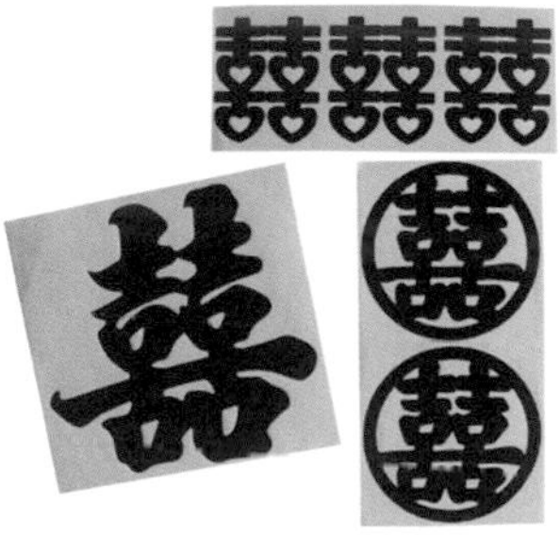

囍的貼紙

文具店、雜貨店、結婚用品店等都可以買到的吉祥貼紙。二個喜字連在一起，在結婚場合時常可以看到。又薄又輕而且又有吉祥恭賀之意，最適合當成伴手禮。5 元到 10 元左右應該就能買到。

→油膏 台灣每戶人家都有一瓶的國民醬油。很常見。

*「納豆蛋餅」是我發明的料理。找遍台灣也找不到喔。

蛋餅皮

台灣版的可麗餅。早餐最常見的 menu 蛋餅的皮。雖然市場也有賣，但超市的有密封包裝較方便，也有冷凍的。我帶回日本後，可以用平底鍋現場表演早餐店的製作蛋餅過程。蛋加上鮪魚，蛋加上玉米粒，蛋加上起司等等煎好後，再蓋上蛋餅皮煎一下就完成了。不要忘了要順道買醬回去。鹹中帶甜的醬，有點像蠔油醬的便宜親戚。可以沾餃子，淋在燙青菜上，淋在皮蛋豆腐上，或用在炒菜上，用途很廣，到處都能派上用場的醬。蛋餅皮也可以發揮想像力創造各種不同的吃法。

納豆蛋餅的作法

1 先稍微煎一下蛋餅皮

2 蛋加點糖調味

3 把原本附加的醬加入納豆後混合均勻

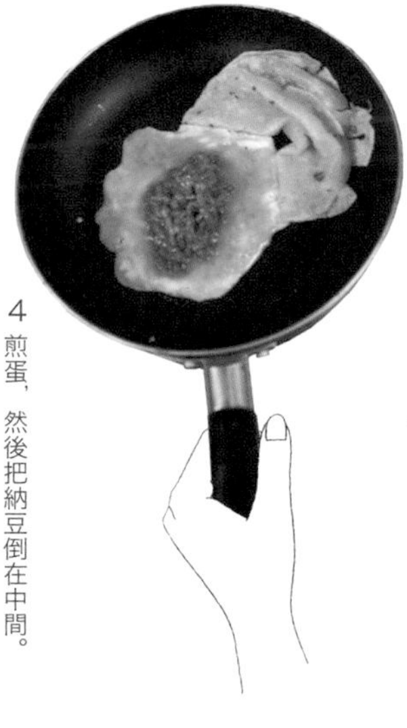
4 煎蛋，然後把納豆倒在中間。不能打散。然後蓋上蛋餅皮，再捲成二半。小心不要弄破。

5 最後把淋上醬油，再放上一點奶油。蛋的微甜和奶油醬油混合後，融合日台西的味道而成的「納豆蛋餅」就完成了！「納豆蛋餅」不淋醬油膏。

烏魚子

原本我不是很喜歡烏魚子。但是因為被很多人問到，所以從賴小姐口中得知。賴小姐是誰？是很會照顧人的「高級日本語口譯員」。她的客戶是日本的大公司的社長。賴小姐也介紹這裡的烏魚子給她的社長客戶。價錢合理。原本不喜歡烏魚子的我，也覺得沒有什麼魚腥味，很好吃。會現場烤烏魚子給客人試吃。肚子微突的可愛歐吉桑，會說日文。

永久號：台北市延平北路二段 36 巷 10 號

http://www.chiens.com.tw

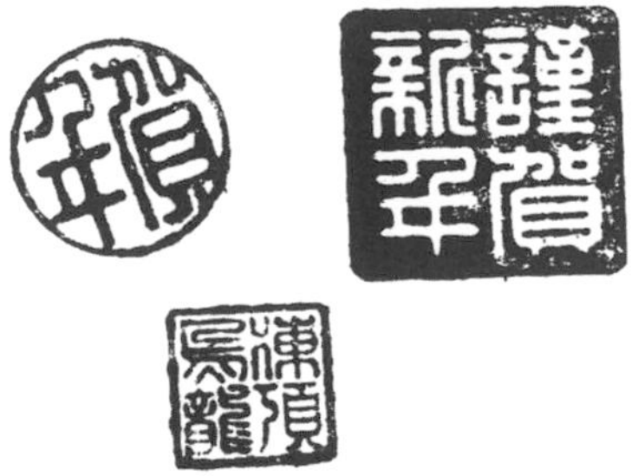

印章

給朋友的伴手禮，我推薦機器刻的立即就能拿到的 50 元印章。我常去的店家會把字體顯示在古老的電腦螢幕上給客人看，可以選字體，依自己的喜好決定。所需時間約一小時，50 元起跳。去書道文具店跟刻印專家買的話也有特別一點的。有範本可以看，然後再決定。要字小一點的話價格可能會增加兩倍 別皺眉頭。專家刻的話 印章另外算 一個字 300 元起跳，要等一個星期，可以用寄送的。

金山鑰匙店（機器刻的）

金山南路 129 號旁，和金華街的交差口附近。

專家刻的話，從古亭站出去往師範大學方向，沿著和平東路的書道文具店幾乎都有。

鳳梨酥

手天品社區食坊位於我的學校師範大學後方，堅持使用天然食材的烘焙坊。第一次去時，店才剛開幕不久，頭戴三角巾的女性店員們，在乾淨的店裡細心工作的模樣令我印象深刻。這裡的商品完全不添加人工顏料、香料、乳化劑等等奇怪的東西，是可以安心食用的點心。鳳梨酥外面的酥餅厚實，裡面的餡和香酥的外皮，都符合我的喜好。每天固定時間出爐，一下就賣完的貝果和麵包也是人氣商品。還有其他種類豐富的蛋糕和派（有甜也有鹹）。每星期中固定從台灣大學的農場和台東初鹿牧場進貨的乳製品也是招牌商品。請務必嘗一嘗親切細心的工作人員充滿愛心的美味糕點！

原味 1 個 30 元、核桃 1 個 32 元

手天品社區食坊：台北市潮州街 188 巷 -1 號

http://naturecake.myweb.hinet.net/index1.htm

犁記餅店的點心

鳳梨酥價格和味道各式各樣，每個人有每個人的喜好，應該四處比較看看。但是，台中的名店犁記的點心比其他點心都好吃，值得去一趟。綠豆小月餅的綠色餡是日本沒有的牛奶味綠豆餡。綠豆小月餅的賞味期限為五天。事實上，只要沒有長霉都可以吃，也可以冷凍保存。鳳梨酥可以放一個月。其他的糕餅，我推薦太陽餅 23 元，香芋酥 38 元。用烤箱烤一下美味倍增。鳳梨酥一個 13 元、綠豆小月餅 33 元。不小心吃的話很容易噎到，也很容易散開，還會沾得滿嘴。

大同電鍋

台灣家庭的必備用品，舊式電鍋。據說以前是台灣人留學時及出嫁時的必攜用品之一。便利商店也用大同電鍋滷蛋。總之台灣人什麼都用這個鍋子調理。剛開始時我覺得很不可思議，為什麼台灣人這麼依賴大同電鍋，現在我也變得跟他們一樣。使用過後感受到它的便利性再也無法抗拒。煮、蒸、燉、保溫、加熱，樣樣都行，比微波爐還要萬能。還可以煮紅豆這種花時間的料理，不用擔心會燒焦，讓它自己煮就行，只要不打開鍋蓋就可以了。電鍋有幾種不同大小的款式，顏色有紅和綠兩種。外觀設計的也很可愛。照片中是 6 人用的，第二小 size。要價約 1800 元左右吧。

我的願望是要讓大同電鍋和台灣原住民樂團的圖騰流傳到日本各地。因此我擅自決定了在日本流行的大同電鍋的廣告要請圖騰代言。

打開鍋子裡面出現圖騰唱歌的廣告，出自我個人的想像。

夾子

當要從電鍋或是蒸籠裡將熱騰騰的容器取出時使用的夾子。從下面往上提起，限定動作的鍋夾。使用慣的台灣人彷彿這個夾子是自己的手，即使是直徑很大的容器或是很重的食物也沒問題。在日本，微波爐因為都是從裡面往前方拿出來的橫向移動，所以可能不適用。可以在 10 元商店買到。

台灣很常用上面照片中像洗臉盆一樣的大鍋子調理食物。可以重疊收納很方便。照片中的夾子寫著 6 人份使用的大小，70 元。除了盤子外，手髒時也可以用來移動東西。

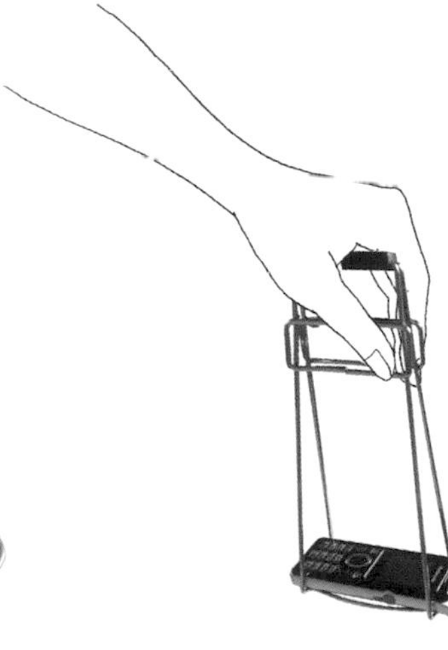

→煮好後加上桂花醬的照片

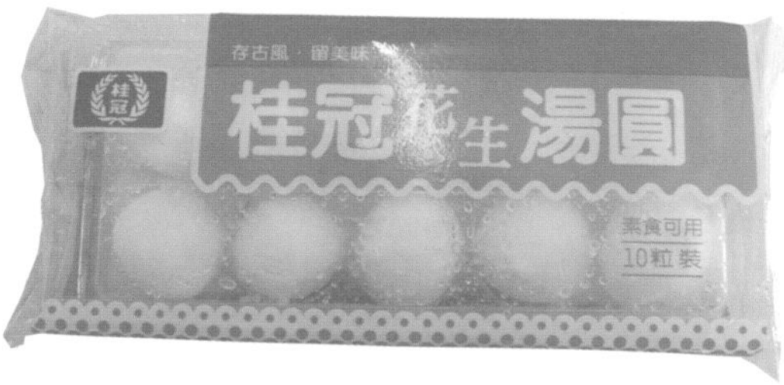

湯圓

噗嗞的湯圓

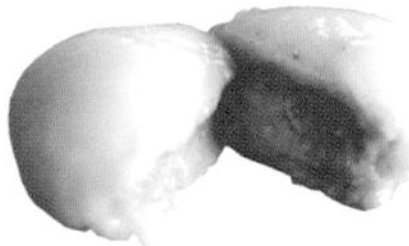

花生湯圓。也拍了芝麻的，但一下就流出來，實在太醜了，所以照片無法放。

→桂花醬／中 100元

有餡的白糯米丸子。有喜氣之意的食物，春節新年節束時、元宵節或是冬至時都要吃的食物。但是，一年四季都可以買到。如果要帶回去的話，最方便的就是超市的冷凍湯圓。 回去只要煮一煮就能吃。裡面的餡，甜的有花生、 芝麻、紅豆，鹹的有肉味。中間的餡流出來時真叫人忍不住。和湯一起盛起來吃，也可以加一點味道特別的桂花醬一起吃。一袋 30 ～ 40 元。桂花醬／小 50 元／中 100元／大 150 元。南門市場有賣。

南門市場　中正紀念堂站旁（高級市場，去看看應該會有很多樂趣）

照片有點模糊，這是附泳池和包著頭內的印度傭人的豪宅（立體）。一個要價好幾千元的高級供品。

給死人的禮物

台灣的喪禮，為了讓死去的親友在另一個世界能衣食無虞，會燒紙作的各種東西給往生的人。 像是紙錢、 金塊、 電腦、 行動電話、 PDA、Hell Bank（地獄銀行）的提款卡、車子、房子。當然也有電鍋，還有附院子、泳池和印度傭人的豪宅。印度傭人不是用畫的，而是用真人的照片，很真實。「如果往生的人用行動電話打電話來不是很恐怖嗎？」讓人退避三舍的土產。因為是喪禮用品所以無法推薦，但立體的模型實在做的很好，值得一看。在市場可以買到。照片是在中正紀念堂附近的南門市場的地下拍的。100 元起跳。

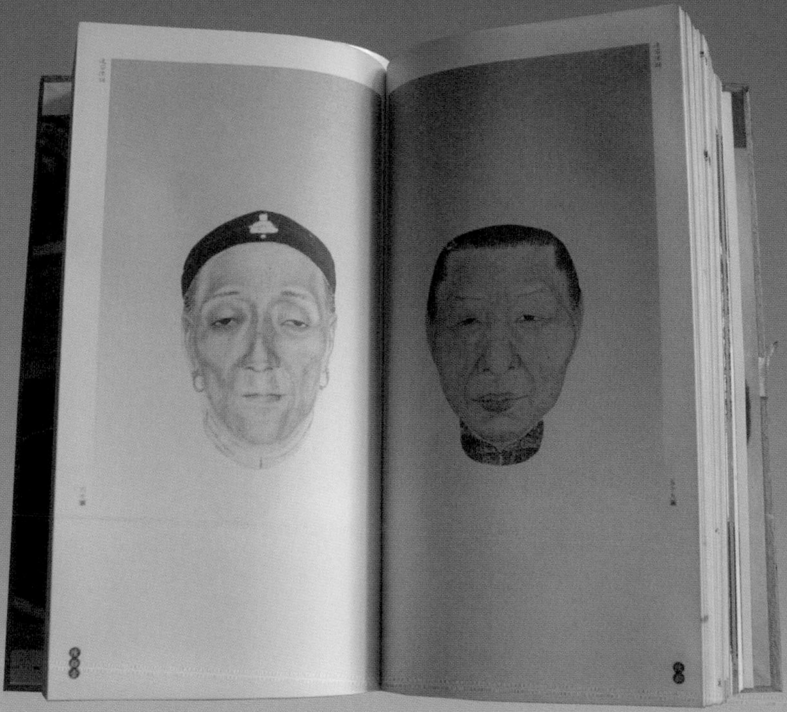

特別推薦的台灣文化

除了夜市和吃的、茶和故宮博物院、可以買回去的土產，也不能忘了台灣也有很棒的文化。

我舉了一些短程旅行比較難發現的東西。希望大家也能看到、聽到、感受到台灣的一面。一定要找機會接觸看看再回去。

打開後的感覺。封面是黑白色調，
裡面則是彩色演出

這是封面。
使用的紙的質地很特別

漢聲雜誌 63／64 號
中國民間肖像畫特刊
1994 年 3 月／4 月號

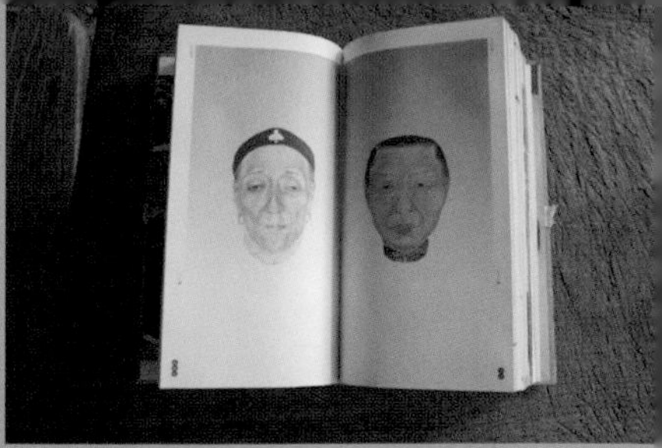

構圖很大膽

背面的感覺

漢聲雜誌

推薦台灣文化 之一

協力／e-2000

約 30 年前創刊，每一本都像是一件件藝術作品的雜誌。以中國的民俗文化、生活、信仰、藝術為主題，每一期的設計都不一樣。發行人黃永松不但負責藝術指導，也負責裝幀，有關中國結的那一期就附上中國結。也有開本很大的平裝本，或是兩冊一套的又重又大的版本，每一期都不一樣。十幾年前在日本也製作一本要價超過五千圓（每一本價錢都不一樣）的雜誌，很想知道當時周遭的人的反應和幕後製作的秘話。很遺憾的是很早以前就停刊了，我想這樣的 sense 和辦雜誌的熱忱可說是台灣的驕傲。運氣好的話或許在舊書店可以找到，現在每年年末依然會製作像月曆的手冊，可以在誠品書店等地方買到。台灣大學附近的南天書局有機會買到以前停刊的漢聲雜誌的新品。即使店面找不到也有提供書單。可以看看書名和內容。

南天書局　台北市羅斯福路三段 283 巷 14 弄 14 號

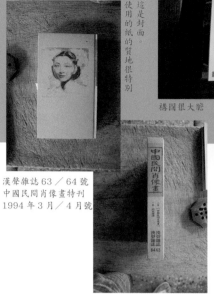

反過來看。背面是以繩子為主的設計

十幾年前的裝幀用這樣的紙

這麼酷的製作說明圖
真是大開眼界！

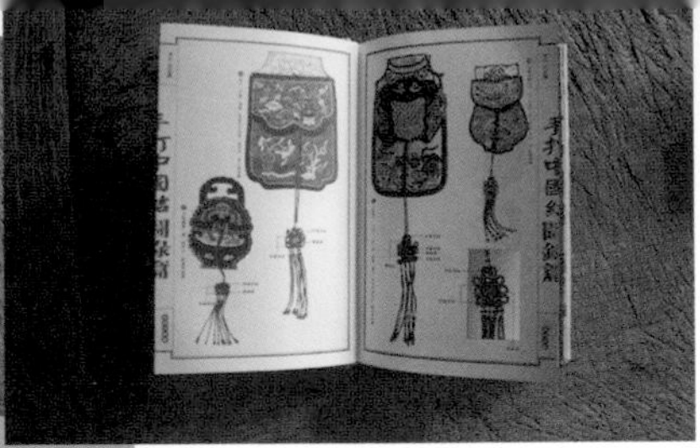

漢聲雜誌 69 號
中國結特刊
1994 年 9 月號

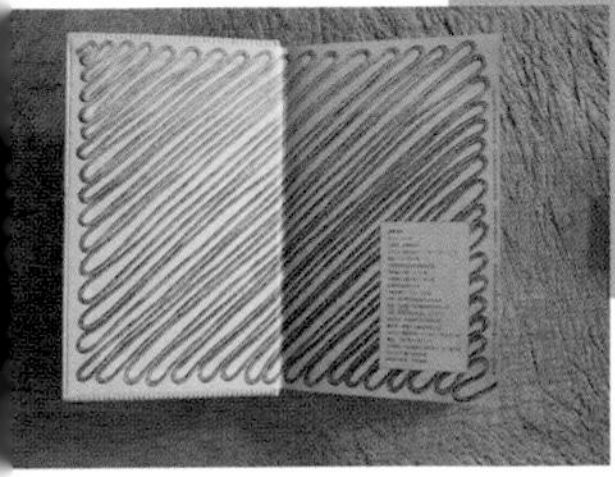

後面的折口頁

側面也有印刷，很像古早書

在此介紹三本漢聲雜誌，是借來的
因所有者的品味和喜好，感覺較類似，
彩色的裝幀及設計都不一樣。

書套的背面

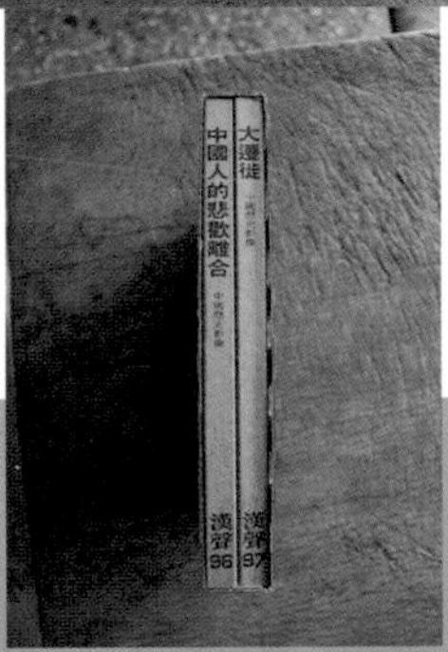

書側

拿出來後這個樣子

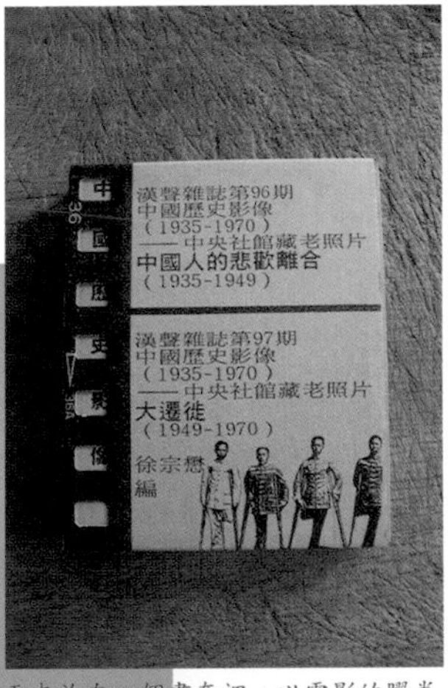

漢聲雜誌
96 ／ 97 號
中國歷史影像特刊

兩本放在一個書套裡，以電影的膠卷
為主題來設計，有洞的地方剛好現出
書名

書的最後一頁

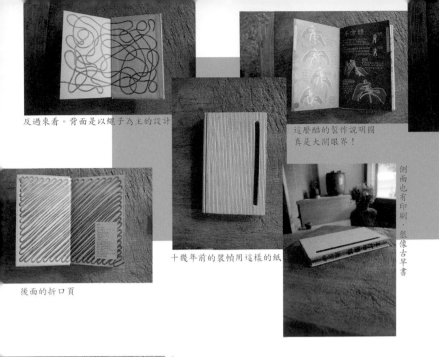

因室友的介紹第一次聽圖騰，只聽音樂會以為是更成熟的成人樂團，結果是 23～ 29 歲的年輕人組成的樂團。5 位團員中有 4 位為原住民。雖然他們把自己的原住民話填入歌詞，但曲風有民謠搖滾，也有雷鬼風，不像情感濃郁的原住民音樂。音樂就像發自體內，聽了讓人心情愉悅，去聽現場如果懂中文的話一定會捧腹大笑。有時在沒有舞台的 live house，太興奮的兩位主唱在椅子上（像日本拉麵店櫃台前會轉來轉去的圓板凳）彈上彈下的，一邊取得平衡一邊彈吉他。屁股凸出的模樣很拙還是能讓觀眾也跟著興奮起來，令人感動。好的音樂即使歌手樣子很拙也沒問題。來到台灣絕對要去聽現場。遇到週末大多會有現場表演。他們的個性配上音樂，大家絕對會喜歡的。

http://www.wondermusic.com.tw

推薦台灣文化 之二

Totem

圖騰

1 一般的現場演唱。

2 也吹直笛。

3 拍照變成畫的兩人。
我甚至也想來留鬍子。

4 不是一般的演唱。
裝扮成農民的樣子暢快表演。

5 圖騰的 CD。

6 也彈手風琴。

推薦台灣文化 之三

雲門舞集

我之所以知道雲門舞集是因為看了住在台灣的音樂和舞台藝術評論家上田智美寫的文章。她在許多地方寫關於台灣的藝術評論，可說是用日文介紹雲門舞集的第一人。我想與其看我寫的介紹，不如找出上田小姐的文章來讀更能掌握其內容。

因為她寫得實在太吸引人了，我一看就忍不住買了最貴的票。但是，買了最好的位子，果然是正確的選擇。特地從日本來看一定要坐最前面。那種微妙的動作，在遠一點的位置是看不清楚的！

受到世界各地觀眾支持的台灣國寶級舞團。在「差不多的台灣」中是唯一的完美？日本落後世界許多，2004 年才首次在日本公演。融合太極拳、工夫、氣功等動作的林懷民率領的舞團，舞台美術及服裝去除多餘的裝飾，呈現簡潔流暢的美。從書法中獲得靈感而演出的劇碼，白和黑的簡單衣服映在幾乎什麼都沒有的舞台上。第一次看表演時，我屏住氣息專心看著像奇妙的水母舞，寂靜又充滿透明感的輕巧舞動。人類竟然能夠出現這樣的動作？真是令人嘆為觀止的舞步，連原本對舞蹈沒有什麼興趣的我也能兩個小時看得幾乎目不轉睛。雖然也有錄影帶可以看，但來台如果剛好有公演一定要去看！

製作的人特地寫信來跟我說，可以寫上「意外的是製作的人都不是年輕人」，於是我特地加在這裡

蘑菇

推薦台灣文化 之四

↑這是第 10 號

寶大協力設計工作室原本以興趣為出發，但後來卻發行了超越興趣領域的一本慵懶閒散的生活雜誌。「MOGU」的中文寫成「蘑菇」。並非每個月定期出刊，發行的數量也很少，但懶散得恰到好處，也可以看出製作這本書的人們的個性，因為實在很可愛，許多女生都很喜歡。有我出現的第 10 號，裡面的內容會讓日本人嚇一跳。也可以買到過期的雜誌，只要找看看！香港也有賣，可以一窺台灣人生活的「MOGU」如果能早日在日本販賣就好了。短短的觀光旅行不能接觸到的台灣可以在「MOGU」裡看得到。還有許多創意商品，連同雜誌，可以在網路或誠品書店買到。

http://www.mogu.com.tw

MOGU®

↑ 當我正想要這裡面使用的雨傘時，就在街上看到歐巴桑正在撐。
真的是很台耶～

資料提供 久保田裕子

蔡明亮

推薦台灣文化 之五

蔡明亮導演為馬來西亞華僑，大學時來台灣留學，後來開始在台灣拍電影。曾在威尼斯影展拿過金獅獎。演員的對白很少，音樂和影像都很特別為其電影的特色。性的描寫有一點多，在滑稽中營造出市井小民的無以名狀的悲哀，很不可思議的作品。我看過的《天邊一朵雲》一片中不可思議的世界裡添加了台灣以前的歌曲和鮮艷的大眾流行藝術（pop culture）的色彩，突然像音樂劇一樣又唱又跳的奇怪電影。我無法以言語來形容這位蔡明亮導演營造出的世界，請買 DVD 自己看！我被他的表現力和創作出的世界所吸引。因為幾乎沒什麼對白，即使不懂中文也看得懂。

"百聞不如一見"

總而言之介紹路邊攤的小吃

とにかく屋台の食べもの。

Tonikaku
Yatai No Tabemono

路邊攤因為都是以單一的 menu 來一決勝負，所以有
很多好吃的食物。
有些東西只能在路邊攤吃得到，
即使是一樣的東西，但每家路邊攤的味道都不同。
這裡要介紹我喜歡的路邊攤 menu
和不太容易點菜的食物，
或對日本人來說很罕見的東西
即使要排隊也要去吃看看。

蔥抓餅

將高筋麵粉做的麵糰一邊用力叭叭地拍鬆麵糰一邊煎的台灣版大阪燒？老闆（照片裡的人）做的特別好吃！「加蛋」再加上辣醬的「加辣」口味也很好吃。淡水線 MRT 古亭站 6 號出口出去，往中正紀念堂方向走就能看到。在銀行的轉角的小巷子旁。八～二十點。

胡椒餅

饒河街夜市總是有長長的人在排隊的攤販。肉汁太多了，不小心吃的話，很容易流到手上，吃時要小心燙傷。分店的攤販在永康街知名的芒果冰「冰館」前面。

饒河街夜市／永康街

生煎包

這家店的生煎包有點像小籠包和水煎包的中間版。肉汁很多。雖然有時要排隊但一下就排到了。從和平東路往和師大路平行的龍泉街進去就可以看到。紅色的招牌上有著圓形的「許」字的標誌就是。

師大夜市

滷味

簡單來說就是滷大鍋菜，第一次吃或許不會覺得很好吃，但卻會漸漸愛上它。看顏色或許會給人滷得很入味的錯覺，但其實味道沒有看起來的重。混在本地人當中一起點菜很好玩，在此介紹點菜的方法。

這就是滷味。大約三人份。
因為沒有選肉類，所以比較便宜，
約 200 元左右。

這是事先滷好的滷味。
因為只賣滷好的食物，幾乎沒有
蔬菜，即使有，也只有白蘿蔔吧。

＜哪裡吃滷味＞
師大夜市裡面。和師大路平行的龍泉街進去有一家 7-11。這裡有二家並排的滷味。一間在 P103 的＜新永泉＞的店家前面，到了晚上攤販就會現身。

滷味の材料

4 筊白筍 ジャオバイスゥン まこも

5 雞腸 ジーチャン とりの腸

6 雞胗 ジーヂェン スナギモ

7 雞翅膀 ジーチィパン 手羽先

8 百葉豆腐 バイイエドウフ 水分を抜いた豆腐

1

首先，一手拿小籃子，一手握好夾子，將喜歡的食材放入籃子裡。滷好時量會變多，小心不要夾太多。每一種都有固定的一人份的量，依店家的不同，量和金額也不同，只要把想吃的東西各放一個進籃子裡，店家會自己適度調整。

2

如果一種食物想要點超過一人份時，不會說中文的人只能放棄。此時，會被問到是否要加高麗菜。如果不討厭的話，最好是加，因為加了比較好吃。然後結帳。付完錢後店家會開始切食物。帶骨頭的肉也會一刀剁開。

3

切完後負責煮的人會把料放入黑灰色的秘傳湯汁裡煮。煮好時會問你要不要加辣，當然是用中文問，被問到時請不要慌張害怕。明明沒有什麼順序號碼牌，卻能正確無誤把煮好的食物交到眾多正在等待的客人手裡，真是太值得讚賞了。

也有攤販寫著「每天換新油」

鹹酥雞

滷味的親戚，只是換成炸的方式調理，材料和點菜方式類似。推薦的是 P32 介紹的天婦羅（有點像假的 satsuma age）。台灣產的又甜水份又多的炸蕃薯也很好吃。有些攤販的調味料有辣味，台灣味道特殊的臭臭白胡椒鹽會讓人上癮。

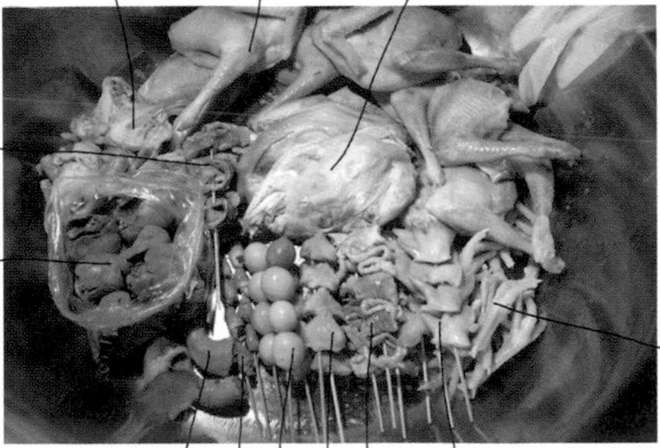

鹹水雞

『鹹水雞』
商品全部是雞。
將雞的各個零件分別加鹽煮。
攤子一律很迷你。

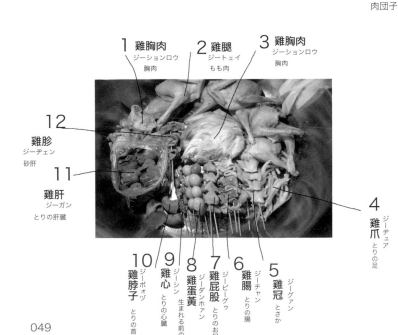

宜蘭蔥餅

總是有人在排隊。外皮很脆，裡面有多汁的蔥。材料就這麼簡單卻很好吃。胡椒有點辛辣。過中午後開始營業直到晚上七點左右。賣完就收攤。雖是攤販卻太過乾淨。製作時也很細心。位於公館誠品書店旁的小巷子。

肉粽

中午過後開始營業到深夜的攤販。特別推薦料很多的粽子和肉包。也有台灣人愛喝的都是內臟的下水湯。敢吃的人可以挑戰看看。民生西路和承德路的交叉口。出雙連站後背對車站走民生西路的右邊。

蘿蔔絲餅

店裡的阿伯很多話。因為從一早就開始煎，有一點臭油味，但蘿蔔加上一點調味料的內餡非常美味。我想試試這種內餡包在水餃裡，不是用炸的清爽口感。背對和平東路和新生南路的交叉口沿著和平東路左側走，第一個seven-eleven 旁的小巷角。和平東路1段264之3號

潤餅

春捲皮加上加味煮過的高麗菜、豆芽、叉燒、花生粉等各種料後包起來。是攤販中難得的少油健康 menu 之一。寧夏觀光夜市。民生西路往寧夏路的入口處。

我最常帶日本朋友去的溫泉是位於北投山裡的溫泉，行義路的溫泉街。因為是日本式溫泉，大家都不會有所抵抗，營業到很晚很方便，還可以順道去附近的士林夜市。這比想像中還要有樂趣，在此介紹兩個北投的溫泉，並附加介紹烏來的溫泉。

去洗溫泉吧…？

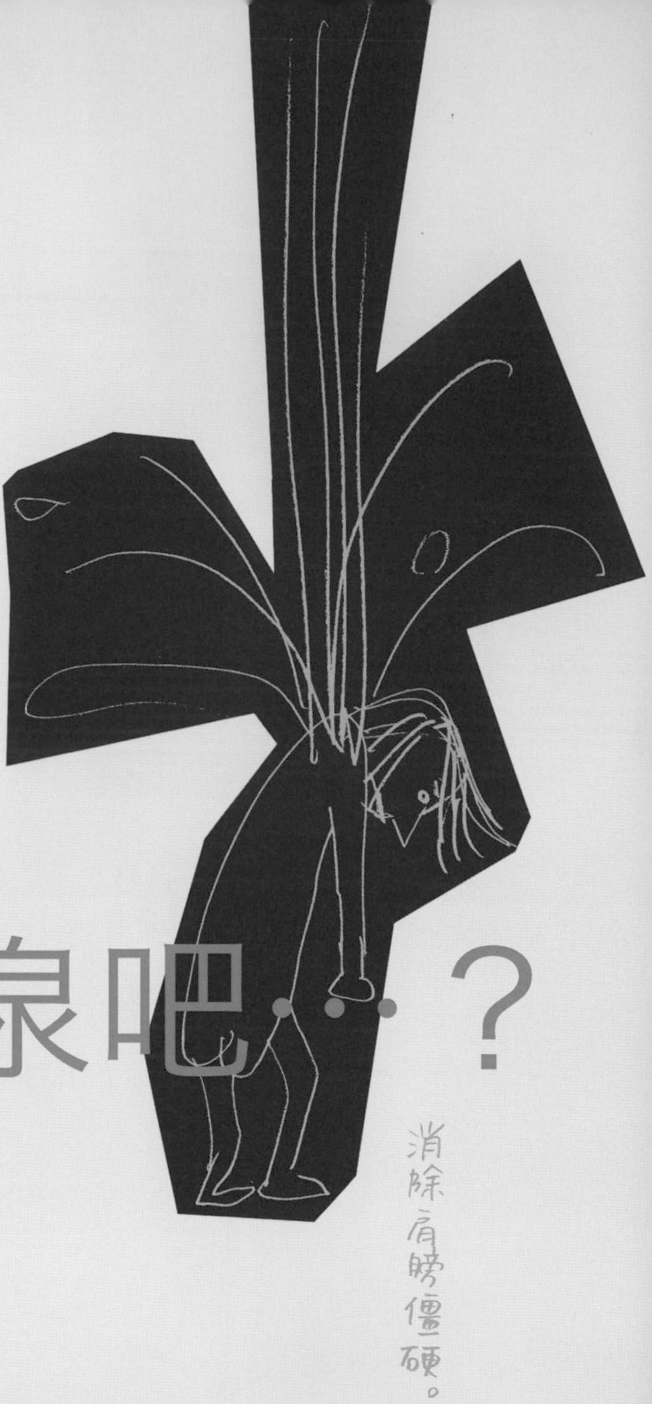

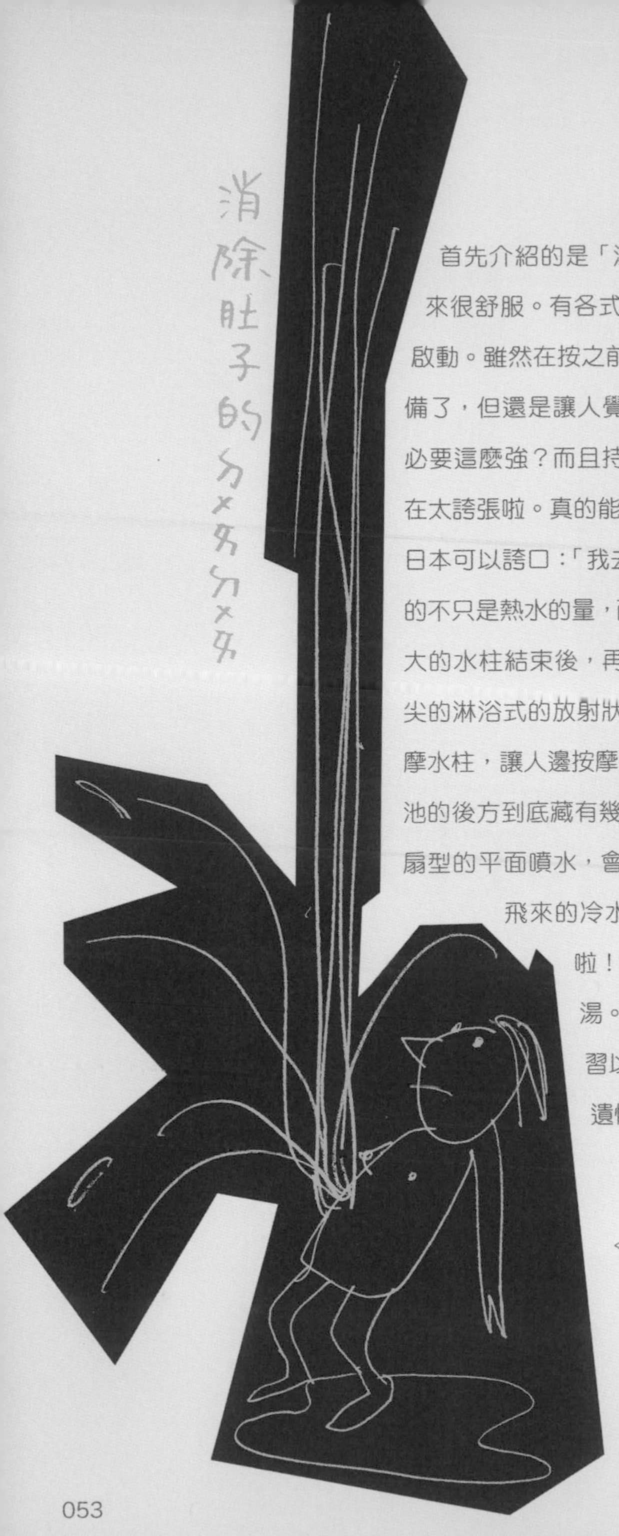

首先介紹的是「湯瀨」。半露天的結構，白天泡起來很舒服。有各式各樣的按摩水柱，一按開關就會啟動。雖然在按之前已經對這樣的機器稍微有心理準備了，但還是讓人覺得「水柱有必要這麼粗？力道有必要這麼強？而且持續好幾分鐘嗎？」實在太誇張啦。真的能承受這個水柱的按摩，回日本可以誇口：「我去台灣修行回來啦！」厲害的不只是熱水的量，而是按摩水柱的多樣性。大的水柱結束後，再來是像劍一樣的細又尖的淋浴式的放射狀水流，加上其他種類多樣的按摩水柱，讓人邊按摩邊讚嘆，還有啊！還有啊！浴池的後方到底藏有幾個大水庫啊？其他還有扇型的平面噴水，會朝著後腦、脖子等飛來的冷水池，「脖子快被沖斷啦！」可以一邊興奮地嚷嚷快樂地泡湯。但是，不可思議的是台灣人似乎習以為常，很想大聲嚷嚷但卻沒辦法，遺憾！

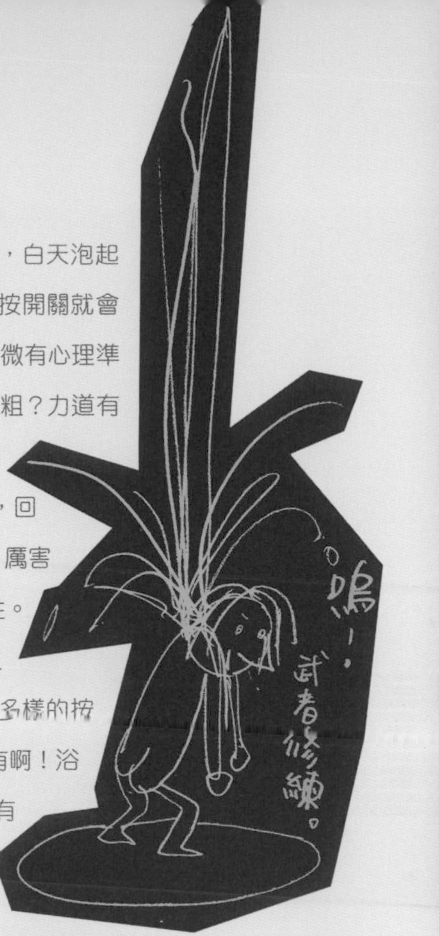

<湯瀨>台北市北投區行義路 300 巷 1 號
10:00 ～ 翌 3:00

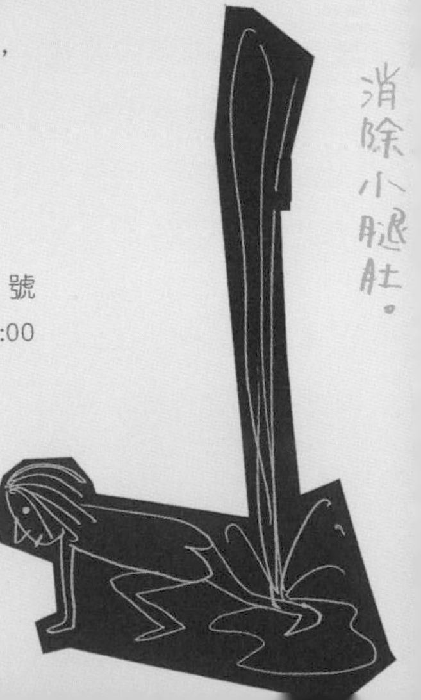

温泉に行けば…？

司機看乘客很少，下坡時竟把引擎關了。上坡時列車只能緩慢地往上爬，慢到甚至會讓乘坐的大 size 大人覺得很可恥。但是下坡時卻像印第安瓊斯一樣一口氣沖下坡，咔嗒咔嗒聲作響好像車輪快脫軌了，真是很興奮刺激。

就像我所寫的，烏來沒有什麼特別值得推薦的，但在人少的時段去看看或許也會發生什麼意料之外的好玩事。

＜集客＞台北市行義路 300 巷 5 號　11:00 ～翌日 3:00

大塊 LOCUS 文化 **讀者服務卡**

謝謝您購買本書！

如果您願意收到大塊最新書訊及特惠電子報：

- 請直接上大塊網站 **locus**publishing.com 加入會員，免去郵寄的麻煩！
- 如果您不方便上網，請填寫下表，亦可不定期收到大塊書訊及特價優惠！
  請郵寄或傳真 +886-2-2545-3927。
- 如果您已是大塊會員，除了變更會員資料外，即不需回函。
- 讀者服務專線：0800-322220；email: locus@locuspublishing.com

姓名：____________________ **性別：**□男 □女

出生日期：_____年_____月_____日 **聯絡電話：**________________

E-mail：______________________________

您所購買的書名：________________________

從何處得知本書：1.□書店 2.□網路 3.□大塊電子報 4.□報紙 5.□雜誌
6.□電視 7.□他人推薦 8.□廣播 9.□其他

您對本書的評價：

(請填代號 1.非常滿意 2.滿意 3.普通 4.不滿意 5.非常不滿意)

書名______ 內容______ 封面設計______ 版面編排______ 紙張質感______

對我們的建議：______________________________

廣 告 回 信
台灣北區郵政管理局登記證
北台字第10227號

10550

台北市南京東路四段25號11樓

大塊文化出版股份有限公司 收

地址：

市 鄉／鎮 路 段 巷 弄 號 樓

縣 市／區 街

（請寫郵遞區號）

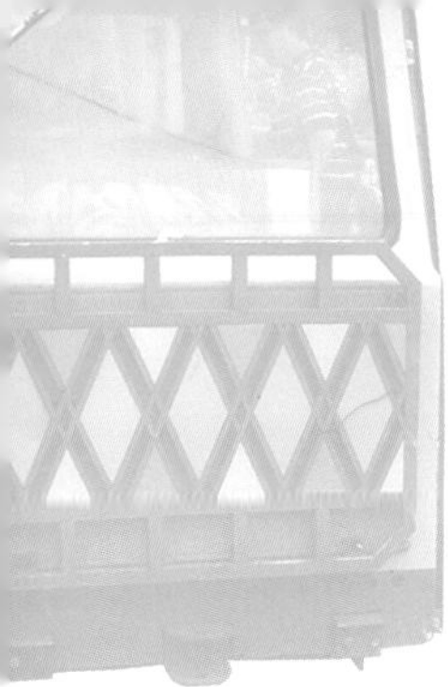

另一家是「集客」溫泉。這裡有著像洞窟般的大浴池。不只是浴室散發著野地的氣息，湯的出水法也很野生風格。湯會突然咚地流出來，不小心就會被侵襲，無法忘我地泡。回到入口處附近，是完全沒有蒸氣的蒸氣三溫暖室。一按下門旁邊的按鍵，三溫暖室中一瞬間被蒸氣充斥，連坐在一旁的友人都看不見。因為完全看不見恐懼感大增，加上又熱又悶，雖然知道很難看還是忍不住光溜溜慌張地跳來跳去。而且，因為蒸氣的關係眼前一片白完全摸不著出口，一不小心就被困住，簡直快被蒸熟死在裡面了。真是讓人無法安心泡湯的浴池，和讓人冷汗直冒的三溫暖。可說是世上罕見的溫泉。運動神經遲鈍的人和心臟不好的人最好不要嘗試，但湯的質地很濃，可以完全消除疲勞，一定要去試看看。只是，在台灣經營者時常換人，搞不好會變成普通的三溫暖和按摩池。

為了保險起見也順道介紹一下烏來溫泉。雖然在這裡寫了烏來溫泉，但並沒有大力推薦的意思。白天去可以泡到老年人味道的湯河邊的免費露天溫泉，或逛逛沒有什麼特別令我感興趣的土產街。另外，可以乘坐原住民的小列車，遊樂園式的小列車會開到上面，但上面沒有什麼好看的，只有一個小瀑布，還有可以看原住民族舞蹈的小劇場的土產店而已。此時，在店前方發現正在做原住民手工藝品的歐巴桑竟然是劇場的老舊看板上跳舞的年輕女子的熟女版（同一個人），不自覺笑了出來。因此，去好幾次有時也會發生好的事。我雖然不會想再去第二次，但日本來的朋友大家都很想去，所以只好跟著去。而且每次都一樣乘坐小列車。有一次運氣好遇到一個不怎麼守規矩的司機行駛小列車，這位

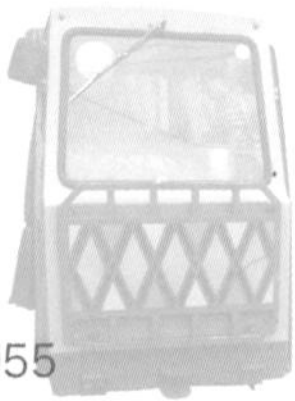

マッサージはこうして選ぶの。

按摩分成有療效的按摩和
只是消除筋骨疲勞的按摩。
我剛去台灣的時候，
迷上了有療效的按摩，
甚至認為人生會因此而變好。
是如此地讓人神清氣爽，元氣飽滿，
連想法都變樂觀了，且充滿了幹勁，
甚至認為沒有什麼事是不可能做到的。

massage

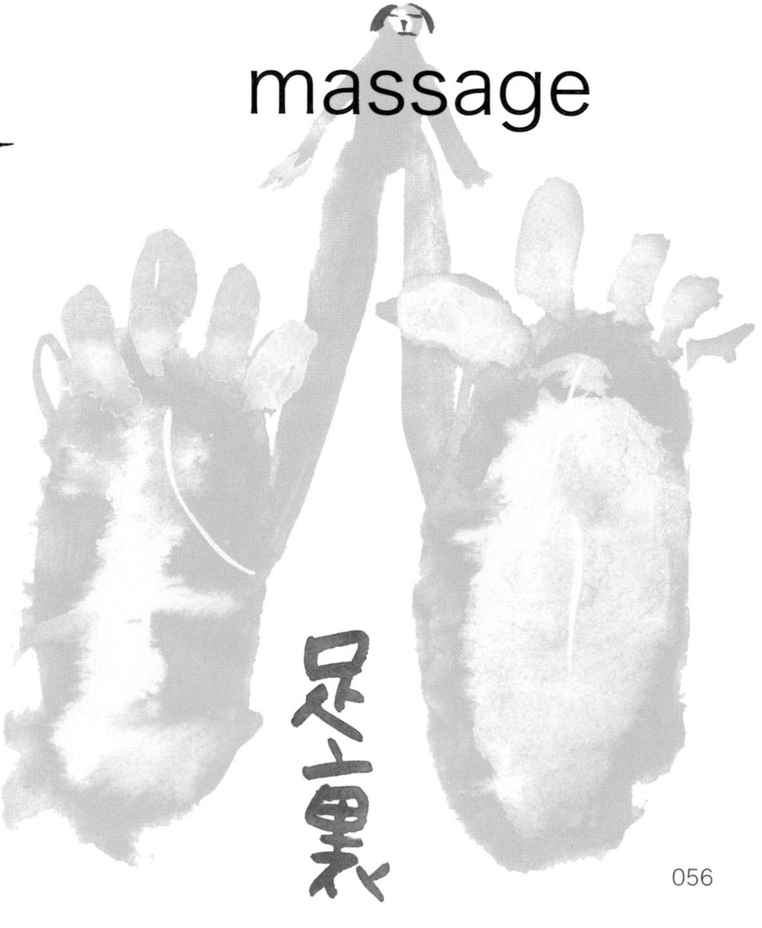

如何選按摩店。

我來台灣的目的是為了捕捉光明的未來。當時我認為如果能自己替自己按摩的話，就能充滿幹勁，並實現夢想。我是「單刀直入野豬直衝型」，總是要遭遇慘痛的事，才能獲得理所當然的結論。這半年的按摩修練得到的結論是，「健康是要從注意生活習慣做起，從體內開始調整才行」。要光靠按摩來改善體質和生病效果是有限的。先要建立正確的觀念，那就是穴道、氣功、整骨、針灸都只是輔助的工具。這類的中醫治療，如果不長久持續下去是不會有效果的，而且花錢又花時間，治療過程又很痛。

此外，按摩師也是人，有時因按摩師的心態不同也會產生不同的治療效果。每次去台灣都去同一個按摩師處報到的話，當變得很熟後，按摩師也會習慣。認為這個客人不會跑掉時，對客人的態度就會變得比較隨便。因此，我認為來觀光的大家，只要去按摩店能消除旅途的疲勞，並感受到幸福的心情就足夠了。

能消除疲勞的按摩店，當地的人也會去，只要選差不多的地方即可。即使我在這裡介紹店家或是按摩師，喜歡換工作的台灣人，之後去到那家店那位按摩師也不一定還在。

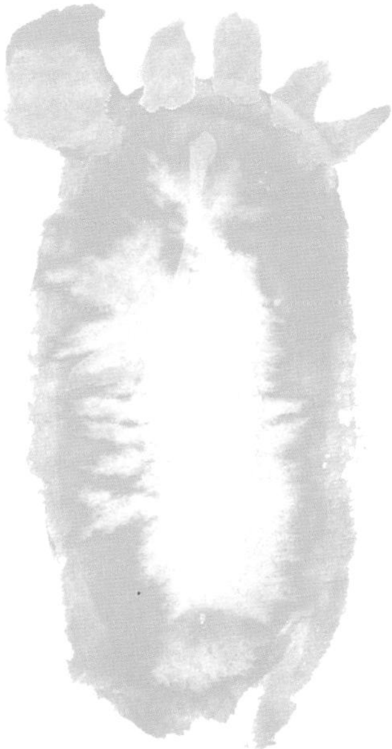

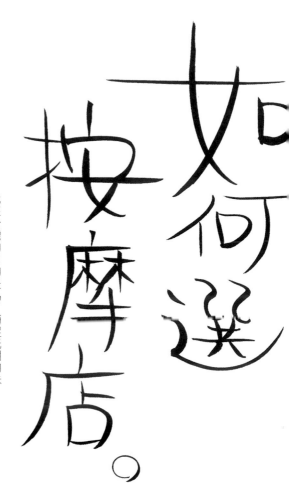

massage

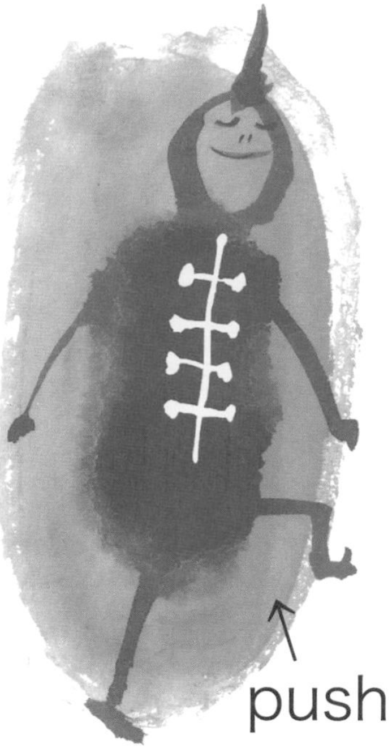

如果店裡的價格不同的話，我想是因為設施的豪華程度和有沒有專車接送的服務等等的差異。最近我喜歡去阿姨們服務的店家。這種店大多兼理髮店，設施也算一般。全身按摩一小時700～800元。體格豐腴的阿姨手大多柔軟又溫暖，按起來很舒服。很瘦的阿姨，手通常很冷又沒有肉，最好不要選這樣的人。而且，大部份按摩的人不一定有按摩執照，不像日本的按摩師。所以，最好能掌握店內的氣氛，請店裡最有經驗的人替自己按摩。

如果還是想試看看有療效的按摩的人，請指定店裡的名按摩師，大部分都是店的老闆。這些人大多自己擁有技術，不會隨便傳給下面的弟子。如果把技術傳下去，台灣的人一學會就馬上換工作或是自己開店，所以沒辦法。因此，去治療效果的按摩店如果不指定老闆按的話就沒有意義。再來就是把全身交給按摩師相信他的技術。真正開始有療效的按摩時，有時會像青蛙被翻過來一樣難看，且連很敏感的部位都會仔細被治療，所以請有所覺悟。因為大腿關節的下處和胸部旁邊的腋下都有淋巴的關係，沒有辦法有時褲子會被拉下，屁屁也會被按到。有療效的按摩不但很痛，還很羞於見人，而且價錢很高，這些都是特徵。此外，以我個人的經驗來看，有這種技術的按摩師通常很孩子氣，單純，且心情起伏大。因此，我們可以好好利用他們的特點。這些人只要給予讚美就會很盡力。不但會延長服務時間，而且還會附贈特別的按摩。記住這個「讚美技倆」很好用，在美容院或醫院也派得上用場。按摩時一定要用看看。啊！但是，如果對象是阿姨的話最好注意一下。阿姨們一高興起來只顧著說話，手常常就偷懶了。請自己調整，每次都試看看，應該就能掌握技巧了吧。

基於上述的原因，我不介紹特定的店家，請依我介紹的選擇店家的方法，找飯店附近或是旅遊書上、網路上自己中意的店。

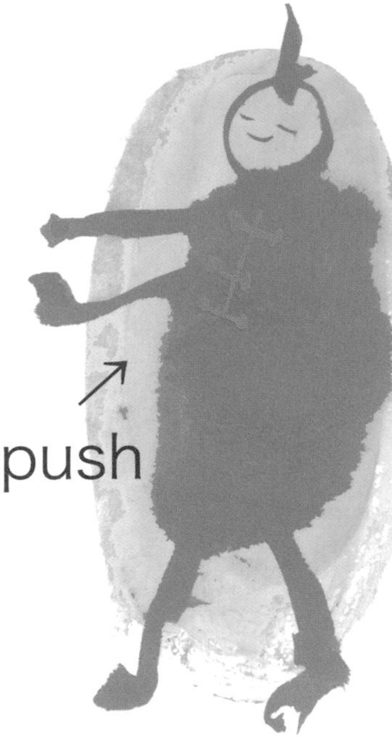

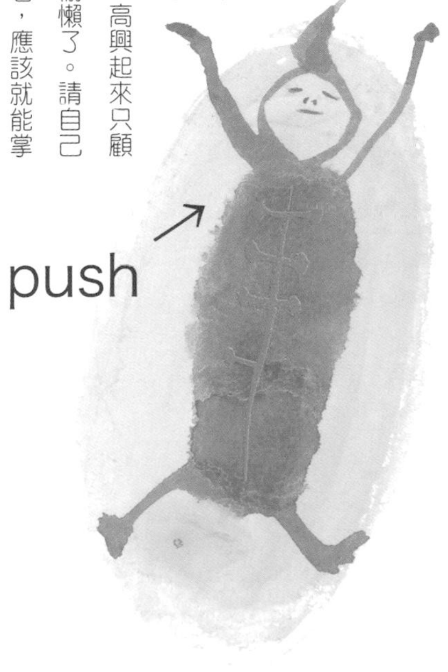

〈給店裡的人的話〉

＊1 請幫我找手很熱又很軟的阿姨。

＊2 聽說你的技術很厲害，所以我特別跑來按摩。

＊注：這些話請不要直接拿給店家看，寫在小紙條上。如果大家都拿這本書去的話，那就會穿幫，效果就不大了。

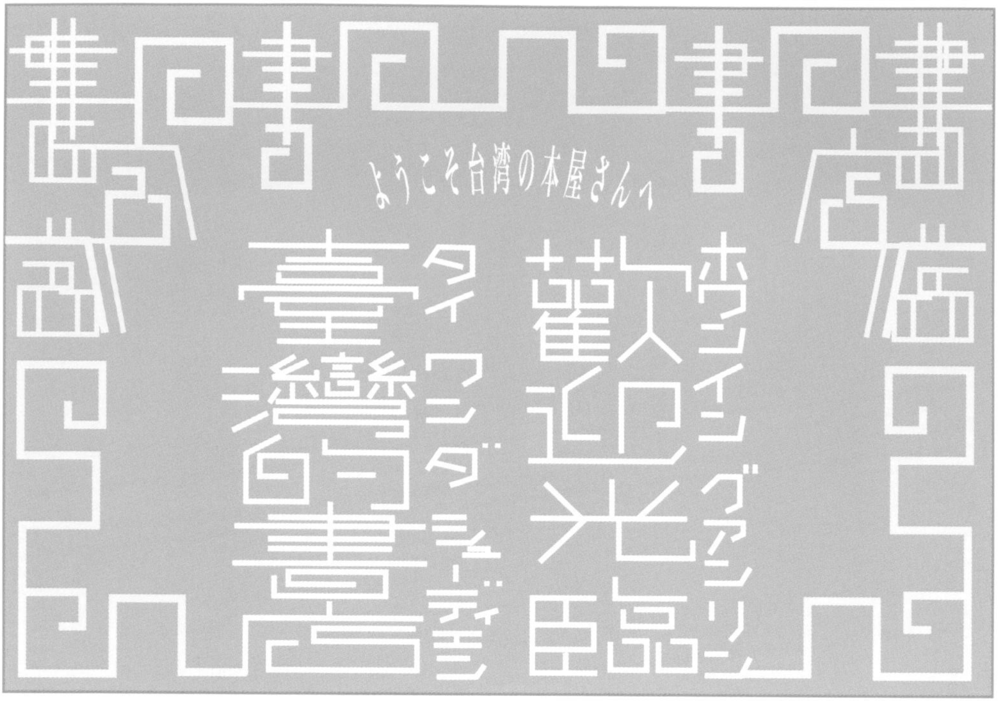

以人口來看，聽說台灣的出版率之高為世界第一。因此，台灣的書店很有特色。書店裡附有 cafe 和餐廳不是什麼特別的事，或許店鋪很大，很時尚豪華，有畫廊，也販賣自己獨特的商品。客人除了站著讀外，還被允許可以坐著讀，二十四小時營業的書店一到夜晚，聽說還有打扮美麗的女生出來釣男生。找到自己想要的土產，吃了飯喝了茶，搞不好還可以交到男朋友的台灣的書店，是孕育文化的地方。

誠品書店

＜敦南店＞

台灣的代表書店。在地下可以找到可愛的伴手禮，二樓的 24 小時書店是可以找到男朋友和女朋友的書店。地下還有畫廊。

台北市敦化南路一段 245 號　只有 2F 的書店 24 小時營業　其他店鋪 11:00 ～ 22:00

＜信義店＞

有藝術書、日文書、童書等巨大的櫃位，餐廳、文具等合為一體的書店百貨。日文書專門店也不錯，店內擺放著許多好書，如果日本也有這樣的書店就好了。

台北市信義區松高路 11 號　營業時間各專門書櫃都不同。主要部分是 10:00 ～翌日 2:00

我的書房 Café

放有作家的個人茶杯，作家會來店內的 café 工作的書店。

台北市建國南路二段 201 號　10:00 ～ 22:00

舊香居

有點前衛的舊書店。藝術類書籍很多。

＜師大店＞台北市龍泉街 81 號　13:00 ～ 22:00 週一休

＜興隆店＞台北市興隆路三段 162 號　11:00 ～ 21:00　週一休

荞葛拾遺

另類舊書店。也有韓國和日本的古書和 LP。

也可以以物易物，週末時可埋首古書堆中喝茶。

台北市廣州街 152 巷 4 號 1F（龍山寺附近）

亞典藝術圖書專賣店

西洋藝術書籍專門店。

仁愛店　台北市仁愛路三段 122 號 B1　10:00 ～ 21:00

重慶店　台北市重慶南路一段 49 號 2F　11:00 ～ 21:00

一天也可以入學的語言學校體驗

雖說是「一天的語言學校入學體驗」但要買教科書、付入學金，所以我想最好還是至少上三天比較好。

和英文不同，在日本平常很少聽到中文所以聽不習慣。中文裡沒有一個字是可以用日文的「あいうえお」發出來的。中文的參考書寫著「Y」的發音和日文的「あ」一樣，根本是騙人的。這個音在發音時力量不同。例如，舉一個日文和中文中使用方法很像的詞來看，當聽不懂對方在說什麼時，日文會回答「ha？」中文則是「IhaA？」。不但力量比日文強，疑問語氣時尾音還會上揚。如果不知道這個「氣」的差別，會覺得對方是不是想吵架，覺得很害怕。漂亮的小姐也一樣會這樣說，如果不先知道，肯定會很失望，說不定還會失去和台灣人成為朋友的機會。但是，說起來，其實是隨便買本會話集，以為只要照著裡面的日文片假名的音來讀就可以假裝懂中文的日本人自己不好。

因此，如果能對中文有一點認識，就不會這麼驚訝，也可以和台灣人交好，所以我提議去窺探一下中文的世界。（順道一提，最好不要太相信這本書裡的片仮名的讀音。）

～只有一天也可以體驗的課程～
＜TLI Taipei Language Institute＞
http://www.tli.com.tw/
老師幾乎都很注重發音的私立學校。如果老師剛好有空檔，只有一天也可以。張太太（工作時間為平日傍晚以前，會說英文）可以接受諮詢。請說是看了青木的書才來的。（雖然沒有任何優惠，但對方應該會很高興）

～只有一天無法體驗的課程～
＜國立師範大學國語教學中心＞
http://mtc.ntnu.edu.tw/indexj.html
我上的學校。日本人像山一樣多，很有歷史的語言學校。其他學校也使用這裡編的教科書。是培養老師的專門學校的附屬學校，所以教師的程度很高。
但是職員的態度很惡劣。
＜國立台灣大學文學院語文中心中國語文組＞
http://ccms.ntu.edu.tw/`cld222/
可說是台灣的東京大學內的大學語言中心。
＜國立政治大學華語研習班＞
http://140.119.190.170/
在山裡面，日本人好像很少。
＜中國文化大學華語中心＞
http://mlc.sce.pccu.edu.tw/
學費似乎較便宜。
＜淡江大學成人教育學院＞
http://www.cce.tku.edu.tw/2002/chinese/index.jsp
師範大學後面。這裡的學費好像也比較便宜。

～台北以外的地方請上網查～
＜台灣教育部認可的中文研修中心一覽表＞
http://www.roc-taiwan.or.jp/study/study2.html

街的入口。

補習街的便宜餐館

在台北車站附近。
因為有很多補習班，
以肚子餓的補習學生為對象，
也發展出便宜的飲食街。
位於台北車站附近，但不是百貨的地下街，
有許多台灣小吃可看可選，
很方便也很有樂趣。
而且有一些奇怪的東西只有這裡有，
有點小餓時請到這裡走一趟。

少見的泡菜、起司、生菜、咖哩口味的蔥餅。

位於入口處的臭臭的豆腐的麻辣鍋。

雖然是便當快餐，但也可以在這裡吃。

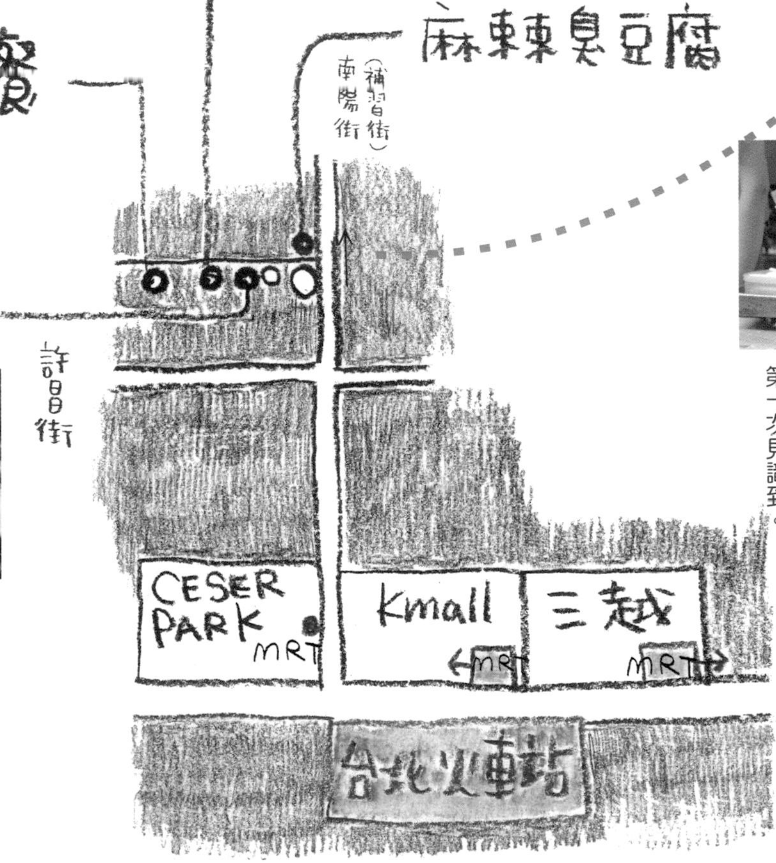

雖是攤販卻有像銀行一樣的號碼牌機器，上面還蓋著抹布，第一次見識到。

和一般的蛋餅不一樣，像鬆軟版的什錦燒，超罕見的巨大蛋餅「江阿姨」的店。

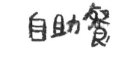

機車孕育出的特殊文化

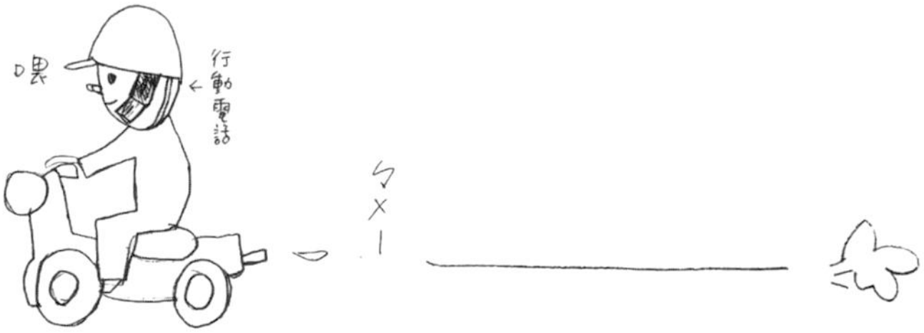

1 很炫的口罩：騎機車會吸到很多車子排放的廢氣，故大家都載口罩。所以有各式各樣的口罩，還有各種不同的設計。

2 雨衣反著穿：台灣人騎機車時習慣把雨衣反著穿，這麼一來即使下雨或天冷也照騎不誤。還有人把背後的扣子一一扣好。看到此一景象的日本朋友甚至還問過：「台灣的雨衣的扣子是設計在背後的啊？」到了雨天和冬天，很多人都是這麼穿的。雖然我不知道這樣穿是否真的能比較擋風遮雨，但竟然有這麼多人支持這種穿法，朋友們甚至認為，如果設計前面沒有扣子的雨衣，一定會大賣吧。

3 不用手拿的行動電話：行動電話明明都有耳機，但騎機車的人卻把行動電話卡在安全帽縫，一邊騎一邊講電話。坐計程車時，遇到紅燈停下來時，記得要觀察一下旁邊的機車。夾在安全帽邊的行動電話，完全緊貼著臉。

瓢蟲的安全帽

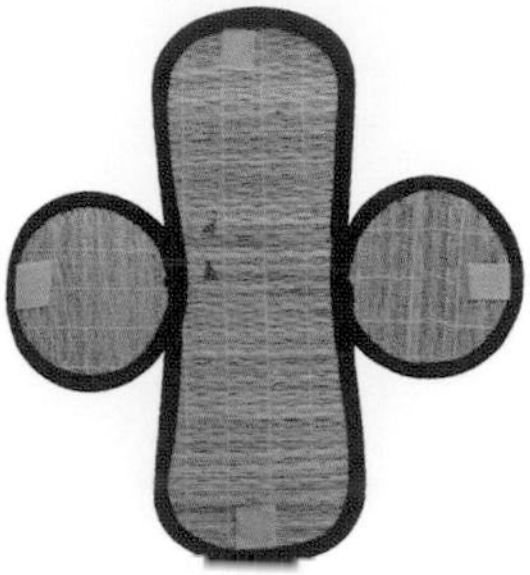

安全帽裡面有著用
魔術膠帶貼的草席

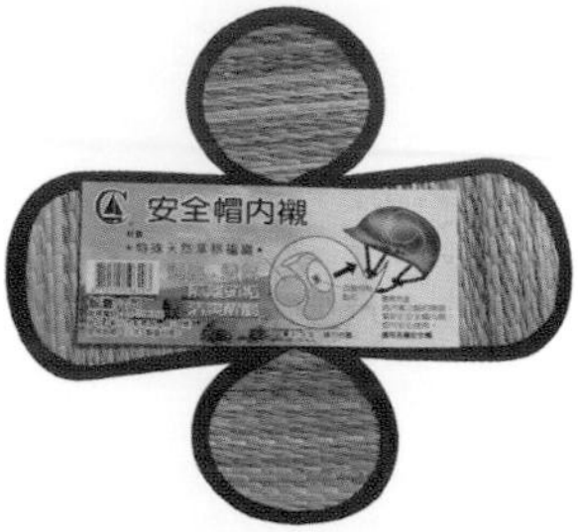

(用這個就不會悶熱的樣子)

用吸盤吸在安全帽上的
竹蜻蜓

等等都是機車孕育出的文化

一心想接受這份愛的我在半年內胖了 9 公斤。即使能忍受這樣的愛，但和這樣的人不久後就斷了連絡。這種愛我將之稱為「餵食愛」。

另一個是「禮物愛」，就是以送禮來表達自己的愛。為了表現愛的濃度，大抵都會送很大很有份量或一生不會消失的禮物。不重質而以量來取勝。不太管對方的生活習慣和喜好，重要的是把自己的愛全部表現出來。因此，大多數的台灣人家裡，都擺滿了不符合自家風格的擺飾或是各式各樣不同的裝飾物。為了接收這份愛的我，也收到了一整箱帶回日本的土產，只好放棄把自己的行李帶回日本。而且，每次回日本看到這些禮物，就會想到這些送禮的人都消失到哪裡去了。

台灣人的愛又深又重又短，最好在旅行前先有這樣的認知，或許能幫上什麼忙。

台灣式的愛

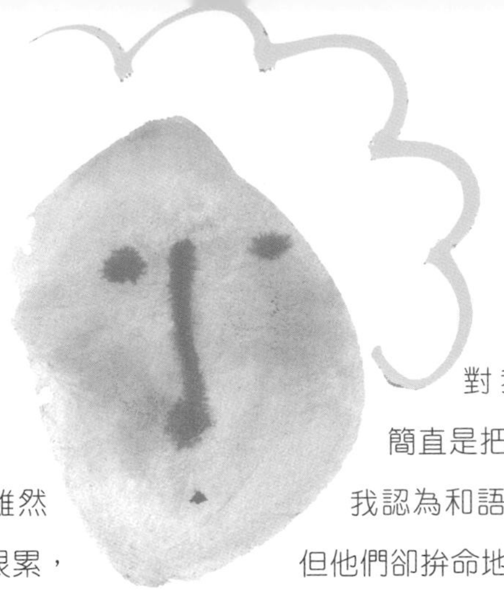

台灣人對我們外國人很親切，簡直是把你當成家人在照顧。雖然我認為和語言不通的人在一起會很累，但他們卻拚命地想了解你。台灣人的愛就像是一陣狂風一樣。ㄆㄧㄚˋ一陣吹來，一下子又消失。剛認識時會一直跟妳連絡，不久後就沒消沒息。我覺得很不可思議，那一時的緊密連絡算什麼呢？曾直接問過台灣人，但他們卻很平靜地回答，「對啊，馬上就降溫了。然後，等快遺忘對方時，才會再連絡。」原來他們是有自覺的。剛認識時立刻趁勝追擊建立深厚的感情，不斷地開拓新的朋友圈。因為忙著開拓新的朋友，才突然沒有連絡，沒有什麼惡意。只能說台灣人的愛，有點肥短。

就拿「餵食愛」和「禮物愛」為例來說明台灣式的愛。台灣人很關心對方的肚子，「呷飽沒？」這句話可說是台灣人的招呼語。總是很想給對方食物。而且，還總是點超多的菜，根本吃不完，而且會一直幫你夾菜，即使跟他們說太飽吃不下了，他們也會裝作沒聽到（尤其是超過中年的人），根本無處可逃。

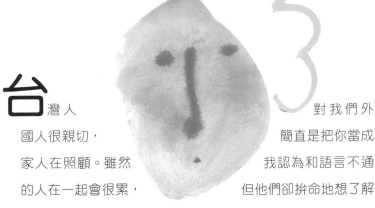

3

2

1

逛街

special shopping 特別的購物地區

跳蚤市場

從無用的垃圾到有古董價值的東西，成排的店家在廣大的土地上以跳蚤市場的形式並排。雖然什麼都有，卻沒什麼特別讓人想買的。當我正想拍照時，突然拿出大蛇展現給我看的阿伯跟我說：「不要拍照，會招來惡運。」被這麼一說，所以沒拍到這裡的照片。飄散著輕淡萊姆香的市場。從MRT頂溪站坐計程車，跟司機說：「我要去福和橋下的花市」，下車後跟路人問「跳蚤市場」就能抵達。六日的早上七點～十一點半。越早去越好。下雨的話會取消。

B&Q 特力屋

和日本的sense不同，有空的話可以去參觀看看。這一頁的照片都是這家店的商品，但不是因為這裡最有趣。要覺得這種地方好玩的人需要觀察力和某種修行。

台北市士林區基河路258號

平日 九點～二十三點　六日 八點～二十三點

http://www.bnq.com.tw

勝立

可以挖到很多無厘頭的東西。從食品到小家電都有。二樓充滿著塑膠製品的臭味。連鎖店。

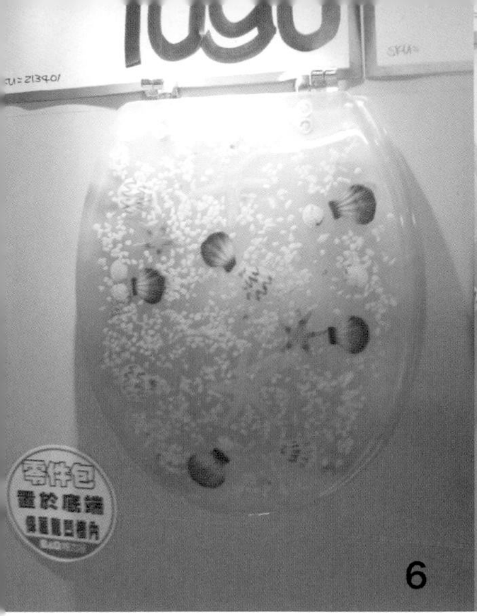

6

5

IKEA

日本也有，但台北有一家更大的。大的我還沒去過。

小的＊台北市敦化南路100號地下1樓（環亞購物廣場）

十一點～二十三點半

大的＊台北縣新莊市中正路1號（公車 MRT 西門町的公車站「西門市場」換車到「金陵女中」下車。

PIN 東西

風格比 IKEA 成熟，可以找到亞洲風味的東西。和小的 IKEA 同一棟樓。

台北市南京東路3段337號6樓（環亞購物商場）

十元的商店

不是攤販，但大部分的夜市和有市場的街上幾乎都有這樣的店。如果不是要在這裡生活就沒有什麼好買的，但可以買到很多有趣又便宜的伴手禮。和雜貨店一樣散發著塑膠臭味。

1 讓回家的行李立即超重的水晶立燈。**2** 不明白什麼是「露出ユンヤント /double yunjanto」（譯註：雙插座日文應為ダブルコンセント /double concento，包裝上的日文是台式日文），買了應該會當成插座使用吧。**3** 裡面有著真正的海星、真正的貝殼、真正的海馬的馬桶蓋和坐墊。**4** 假花的馬桶蓋和坐墊。**5** **3** 的沒有海馬的版本（忘了放海馬的版本）。**6** 沒有海馬。（應該是一開始就沒有海馬的設計）全部都是在 B&Q 發現的。

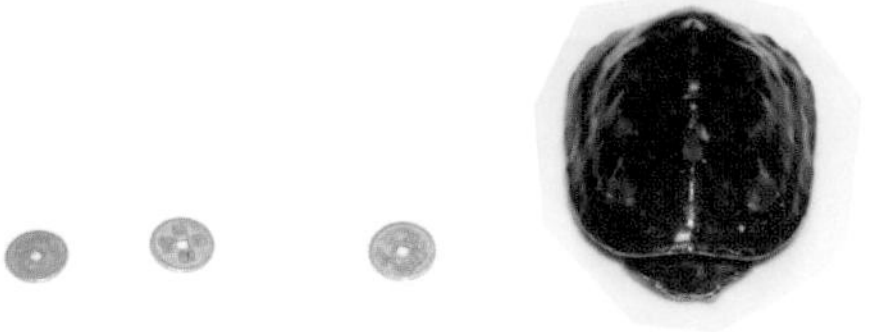

龜

算命

這裡介紹的連小姐是一位普通的阿姨。一點都不像算命師。把自家當成算命館的主婦，或許不符合各位觀光客的算命需求，但算得很準所以在此介紹。

我喜歡算命，在台灣也嘗試過各式各樣的占卜方式，對於旅遊書上寫的有名的行天宮和龍山寺的費用不以為然。而且，我也不認為那些貼著日文也能通的算命師具備足以將人心裡的煩惱清楚表達的語文能力。與其說是按卜出來的結果來說明，不如說只能受限於自己有限的日文辭彙。算命的結果也幾乎都是按著出生年月日來算，不管給誰算結果都大同小異。既然如此，根本沒有必要特地跑到台灣來算命，真是太無聊了，所以我才推薦用龜殼占卜的連小姐。不管你信不信，光見到連小姐就是件有趣的事。連小姐是台灣典型的熱心又多管閒事的歐巴桑。

此外，再多介紹一個有時會在行天宮出沒的鳥占卜的阿伯。我只見過這個阿伯一次，不知道詳細的情況，但很有趣。有興趣的人，請務必去看看。

鳥占

行天宮的鳥命算

出沒時間：天氣好的傍晚

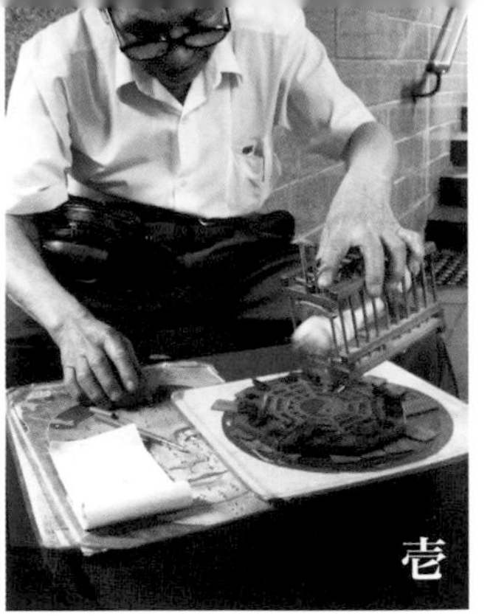

壹

1 悠閒自在地出沒在行天宮的算命街的鳥算命阿伯。一次500元。還會自傲地說：「比其他人便宜吧。」

貳

2 占卜的方式為，在寫著方位的八卦木板上夾著紅布，讓鳥來啄。與其說是鳥按自己的意志來啄布，不如說是阿伯的操作，所以很有趣。

參

3 鳥啄到的紅布上面寫著一些文字還是數字的樣子。然後依字來選籤。

肆

4 不知是依什麼規則來選方位，並依此決定打開的順序的樣子。

伍

5 籤是阿伯自己製作的。一打開裡面有圖，阿伯依此來解讀幾年後的未來。

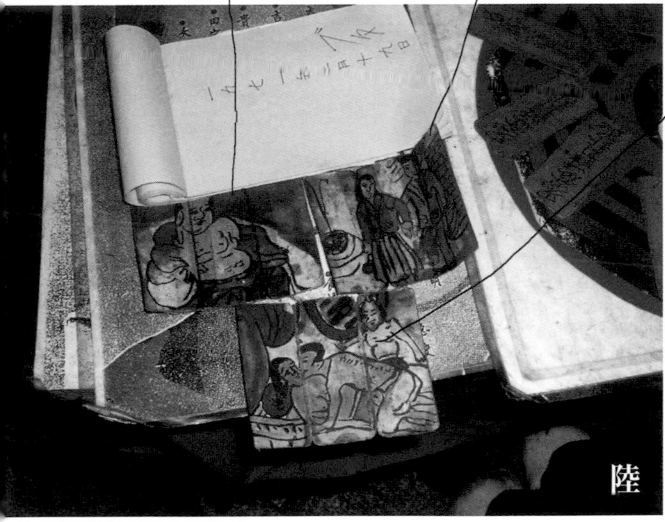

被奇怪的男人纏上的籤？
（我記得是這樣的意思）
被好男人看上的籤
目睹丈夫外遇的籤
陸

6 當時算命的朋友的未來波瀾洶湧。「會賺很多錢變得桃花運很旺，後來遇上好男人，但有一天卻被別的女人搶走，還目睹他們同床。之後，被又老又醜的男人纏上。」大概是這樣。為了確認占卜出來的結果是真的，又重新占卜一次，不可思議的是結果竟然完全相同。籤打開的順序也一樣。阿伯不流暢的日文也沒變。就像倒帶再看一次，我也不自覺在相同的時機說出相同的話。

柒

7 最後，「為了避免這悲慘的命運，請買平安符。」阿伯這麼說。我記不太清楚了，三年有效的護符好像是500元，一生有效的護符確實要價千元左右。阿伯雖然打出便宜牌，但買了這麼貴的護符，結果不是一樣嗎。

連小姐的龜殼占卜

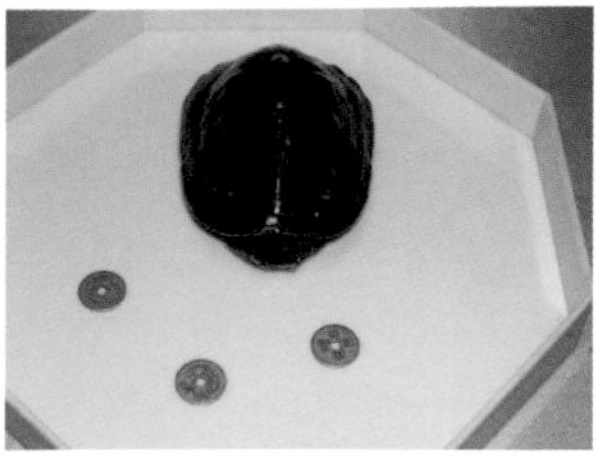
重要的小道具，龜殼和小銅板

我在台灣還沒出書的半年前，當時連出版社也還沒找到，連小姐就預言我如果出書一定會賣。當我算完要回去之時，她很肯定地對我說：「妳看著好了！今年年底我說的話就會實現的。」那時，我只是要她幫我算工作運，完全沒有透露任何我想出書的願望，因為我認為什麼都不要說才能測試占卜師的功力。

結果兩個半月後在書的企畫都還沒想好的狀況下就和出版社簽了合約。同年的十二月在台灣出版了《奇怪ね—一個日本女生眼中的台灣》。在書店四個月持續擠進銷售排行榜前十名，還上了電視、廣播、報紙和新聞。真是太神準了，連小姐的占卜。

連小姐的占卜是用什麼方法算的，就讓我來解釋一下。把古錢幣放入龜殼裡然後開始搖晃，再根據倒出來的古錢幣的正反組合，及神意和連小姐的靈感加總

←龜殼算命的諸位神明

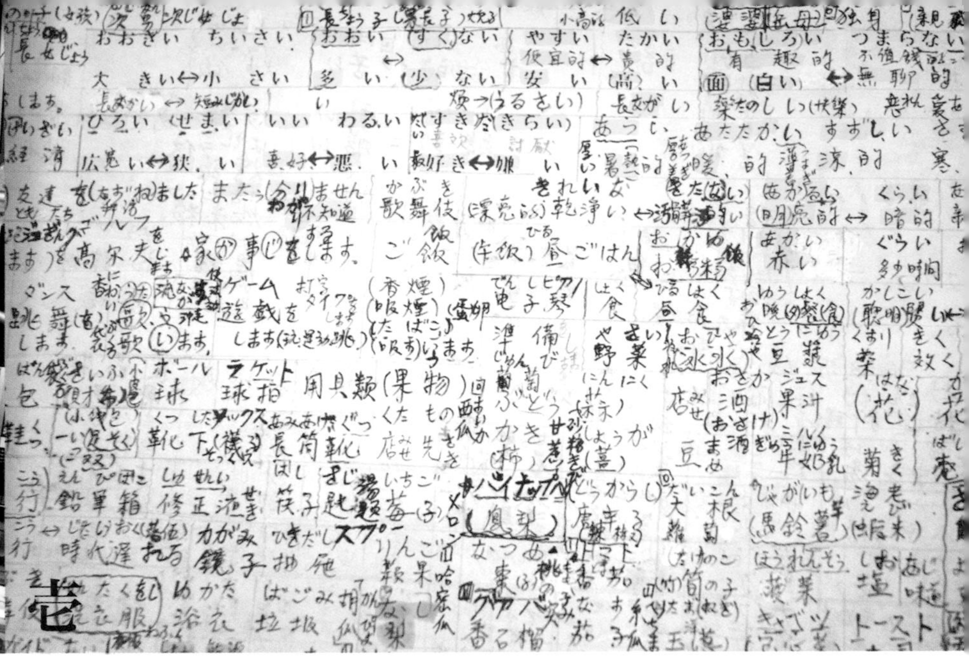

壹 連小姐的日文學習筆記。小小的字寫買了整張紙。**貳** 我每次去她都會拿東西請我吃，這次去是吃西瓜。
參 連小姐本人。我說會在書裡寫她，她特地寄這張照片給我。

的結果。和出生年月日沒有關係，但不知為什麼，需要現在的地址。

連小姐是個精力旺盛又多管閒事的台灣典型歐巴桑。因為算的很準口碑因而傳開，有人拜託就會幫人占卜。因此，和一般的算命師不同，完全沒有忌諱，想說什麼就說什麼，當她知道我沒有參考她卜出來的結果去做，還會打電話來罵我。有時我會覺得「她很囉嗦」，但因為她常給我吃的，所以關係還不錯。

此外，還要說明一點，她比較擅長算財運和工作運，對愛情運不太在行。所以從來沒有好好為我算過我的羅曼史。

住在日本且和連小姐不是朋友的各位不會在電話裡被罵，應該也會好好的為各位算愛情運才是。我的情況特殊，因為她對我的工作運很感興趣。算命地點位於連小姐自家的住處所以有點不方便，她每天的功課是照顧孫子和做人偶，當然要事先預約。

大公司的社長也是她的客戶，私下受到好評的算命師連小姐。如果想給充滿人情味的台灣阿姨算命的人，可以試看看。

開始算命後就變了一個人似的連小姐正在搖龜殼。

<九天居>自己取的算命館名（但其實是自己的住處）
連小姐的名字：連展聆 地址：三重市後竹圍街 273 之 1 號 3F
電話：02-2988-8890
（從台北車站坐計程車約 20 分鐘）

連小姐正在用力學日文，雖然會說簡單的會話，但還是需要口譯的人。需要口譯時最好是自己帶口譯的人去。

わたしの庭紹介
介紹我的院子永康街

一星期中超過一半的時間我都在這裡出沒。我想有很多人來此是為了鼎泰豐和芒果冰，我來這裡主要是到茶館偷閒。也很常來這裡吃飯，是我最喜歡的地方。在其他章節裡也介紹了許多這裡的店，都收錄在七十八頁的地圖，請大家參考。其他想介紹的地方也不少，就在此大略說明。請和地圖一起對著看。

首先是平價的餃子店**東門餃子館** **1**（七十八頁地圖）。除了餃子外，還有酸菜白肉鍋、客家料理，可以平價吃到各式料理。**3** 是知名的 BIRKEN STOCK 德國健康鞋，商品和日本不太一樣。再來是**蔥抓餅** **4**，味道不錯。小巷子裡的**別茶院** **6** 是間可體驗台灣茶藝的時尚空間。離遠一點的地方是留著妹妹頭的台灣知名設計師 洪麗芬 Sophie Hong **的工作室** **10**。一樓是商店，可以買到她設計的衣服（很貴）。中國風的衣服使用泥染的布料等，很講究材質，很值得看一看。營業時間、公休日不定。**地下階** **11** 則是有點特別的古書和中古唱片的店。店的前方是饒河街夜市知名的胡椒餅攤。對面是著名的芒果冰的**冰館** **12**。我特別推薦梅子和紫蘇的鹹中帶甜刨冰！永康公園斜對角的義大利麵店 Cello Pasta **14** 使用真正的鮮奶油，義大利麵也是使用 De Cecco 的義大利麵，點餐後才開始煮。這些雖然是理所當然的事，但台灣的義大利麵餐館卻很少遵守，所以我還滿喜歡這裡的麵。但是青醬口味的材料是用和 basil 很像的台灣九層塔，起司也不是 Parmigiano Reggiano，味道有點不同。（台灣的現狀是很多高級義大利餐廳都用偽裝的 basil & 起司粉&不知何謂彈牙口感 al dente）。再來是前方的**永康階** **16**，店裡的設計很有特色，有閣樓、綠草，很美。據某位朋友所說，這裡有妖精。我喜歡這裡的普洱奶茶。這家店的兩側有許多新穎時髦的店家 **17** **18** **19**。Mei's Tea Bar **21** 我還沒進去過，有很多茶品，很吸引我。**有機豆花** **22** 的豆腐甜點我也常去吃。

再來，過了金華街的區域就真的是我的庭院。永康街的有趣之處就在於夜間的小路。骨董店、古美術店、茶館、Bar、高級二手衣店，到了晚上才開始營業。穿過金華綠地，有家小小的大眾居酒屋風的**魚料理屋** **24**。按當天進貨的材料來決定 menu。如果想喝啤酒之外的酒，可以自己帶去。沒有像樣的招牌，但一去就會知道。再前面的畫廊**一票人** **25**，我曾在這裡開過個展。潮州街和永康街的角落的**昭和町** **30**，原本是市場，現在聚集了許多骨董店。離永康街有點距離的地方，有可以無線上網的 **CAFE COZY** **32**，啤酒的種類也很豐富。往麗水街去，有**大來館** **35**，是台灣家庭料理的熱炒店，可以聽得懂簡單的日文單字。有老闆娘自創的料理，其他的料理只要客人開口要求，都會特別製作。想介紹的店還有很多，但走到小巷子裡自己去發現開拓新的地方才是最棒的。白天和晚上的面貌很不同，可以安排兩天快樂地仔細探索一下。

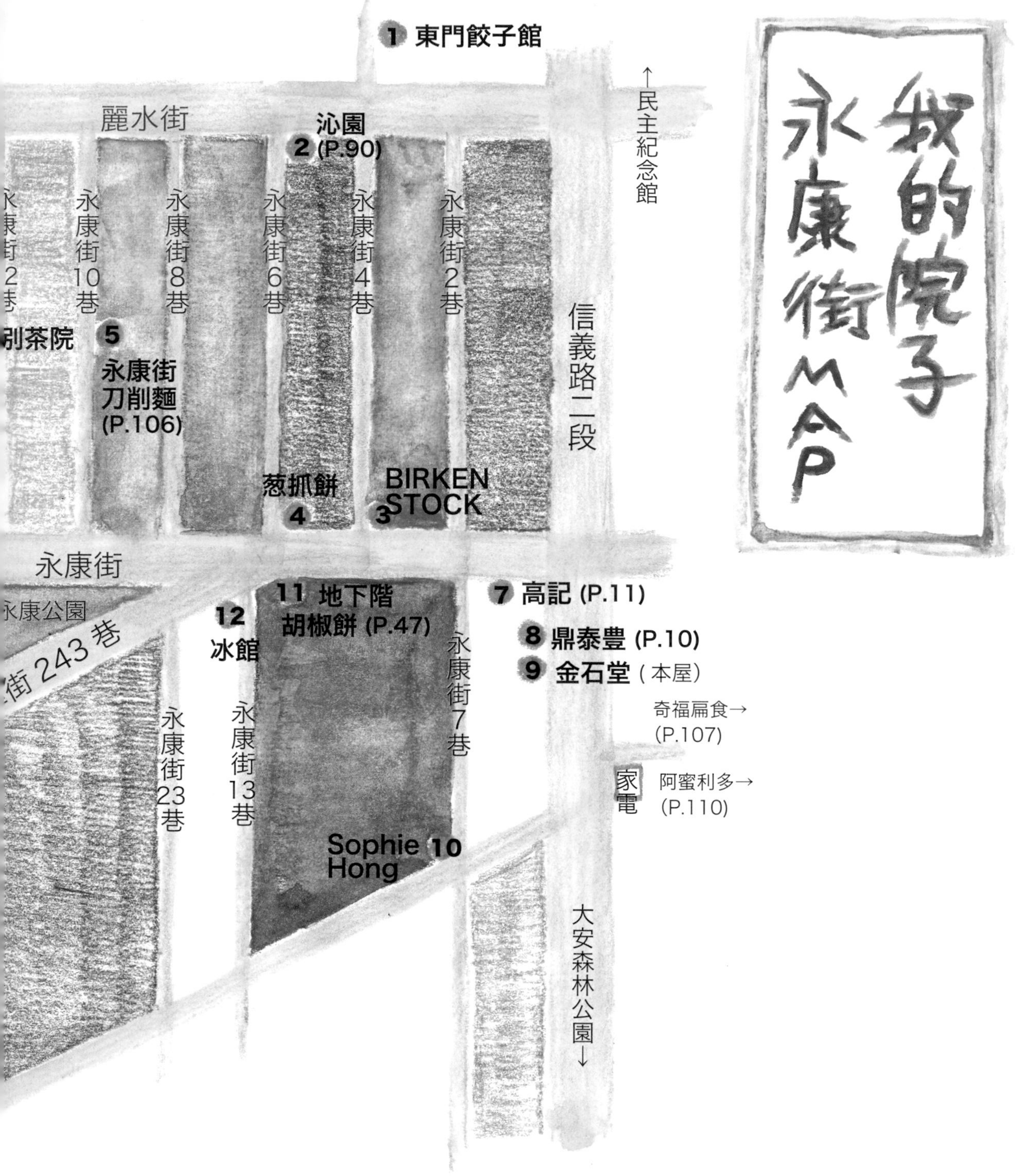

我的院子
永康街MAP
1 東門餃子館
麗水街
2 沁園 (P.90)
↑民主紀念館
永康街10巷
永康街8巷
永康街6巷
永康街4巷
永康街2巷
5 永康街刀削麵 (P.106)
信義路二段
4 蔥抓餅
3 BIRKEN STOCK
永康街
11 地下階胡椒餅 (P.47)
12 冰館
7 高記 (P.11)
8 鼎泰豐 (P.10)
9 金石堂（本屋）
永康街7巷
奇福扁食→ (P.107)
家電
阿蜜利多→ (P.110)
永康街23巷
永康街13巷
Sophie Hong 10
大安森林公園↓

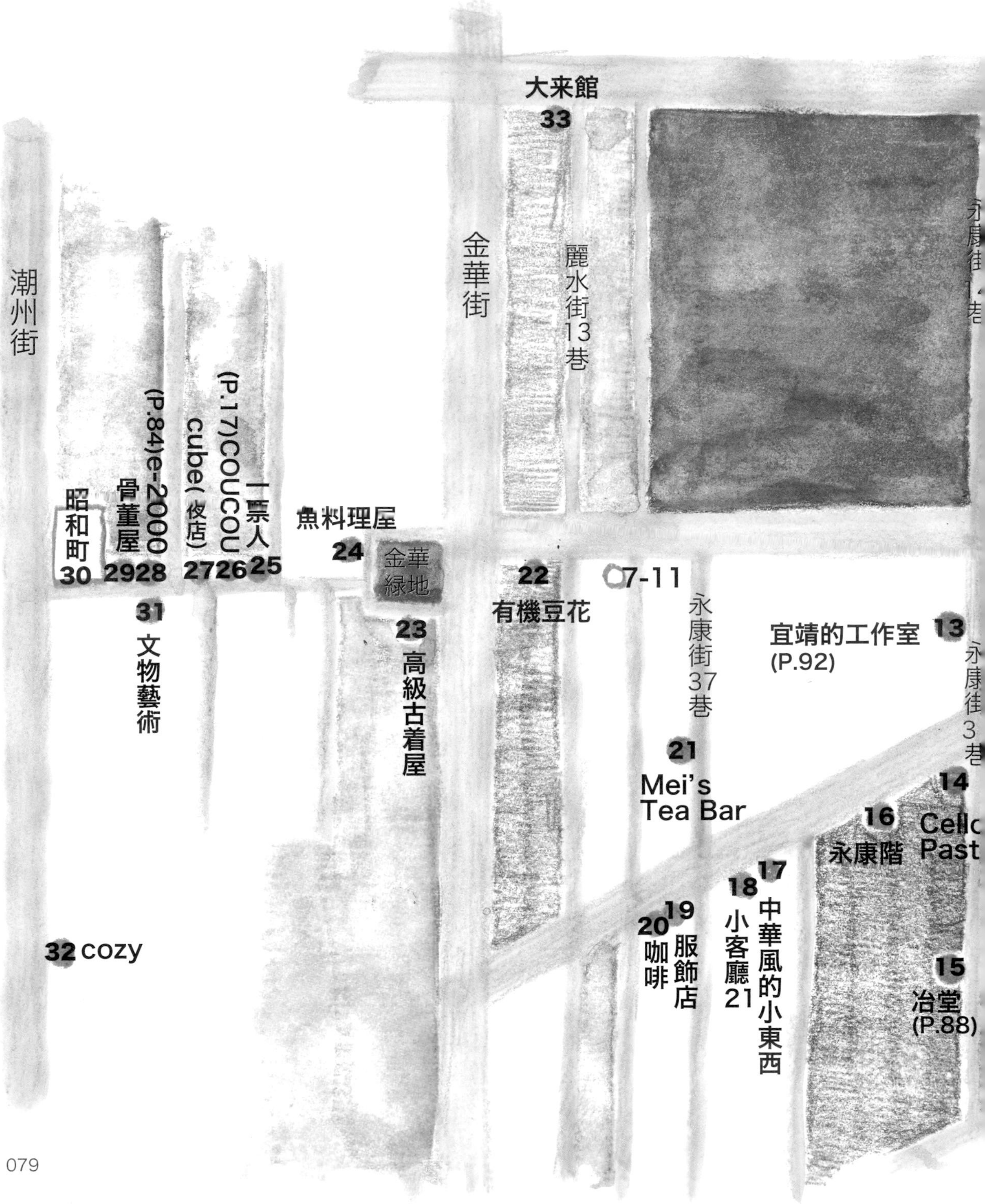
大来館
33
金華街
麗水街13巷
潮州街
昭和町
30
骨董屋
29
(P.84)e-2000
28
cube(夜店)
27
(P.17)COUCOU
26
一票人
25
魚料理屋
24
金華緑地
22
有機豆花
7-11
永康街37巷
宜靖的工作室
(P.92)
13
23
高級古着屋
31
文物藝術
21
Mei's Tea Bar
14
16
永康階
17
中華風的小東西
18
小客廳21
19
服飾店
20
咖啡
32 cozy
15
冶堂
(P.88)

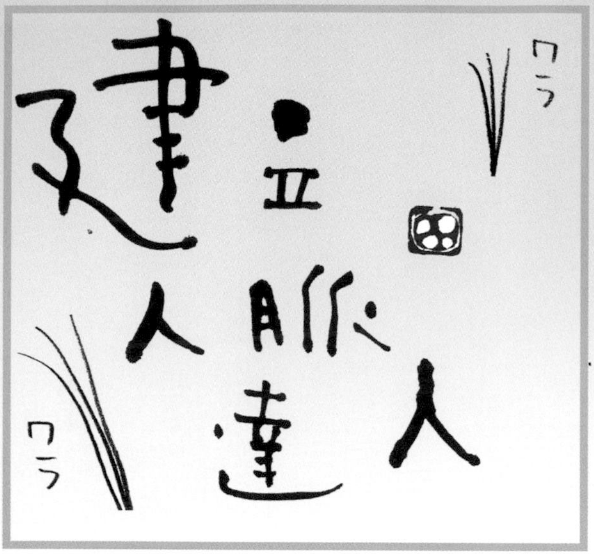

這本書裡的情報是不斷擴充的人脈而來的產物。託台灣朋友的福，我才能知道這麼多又棒又特別的地方。在台灣交友圈很快就擴充開來，認識的朋友也越來越多，很快就變成人脈達人。

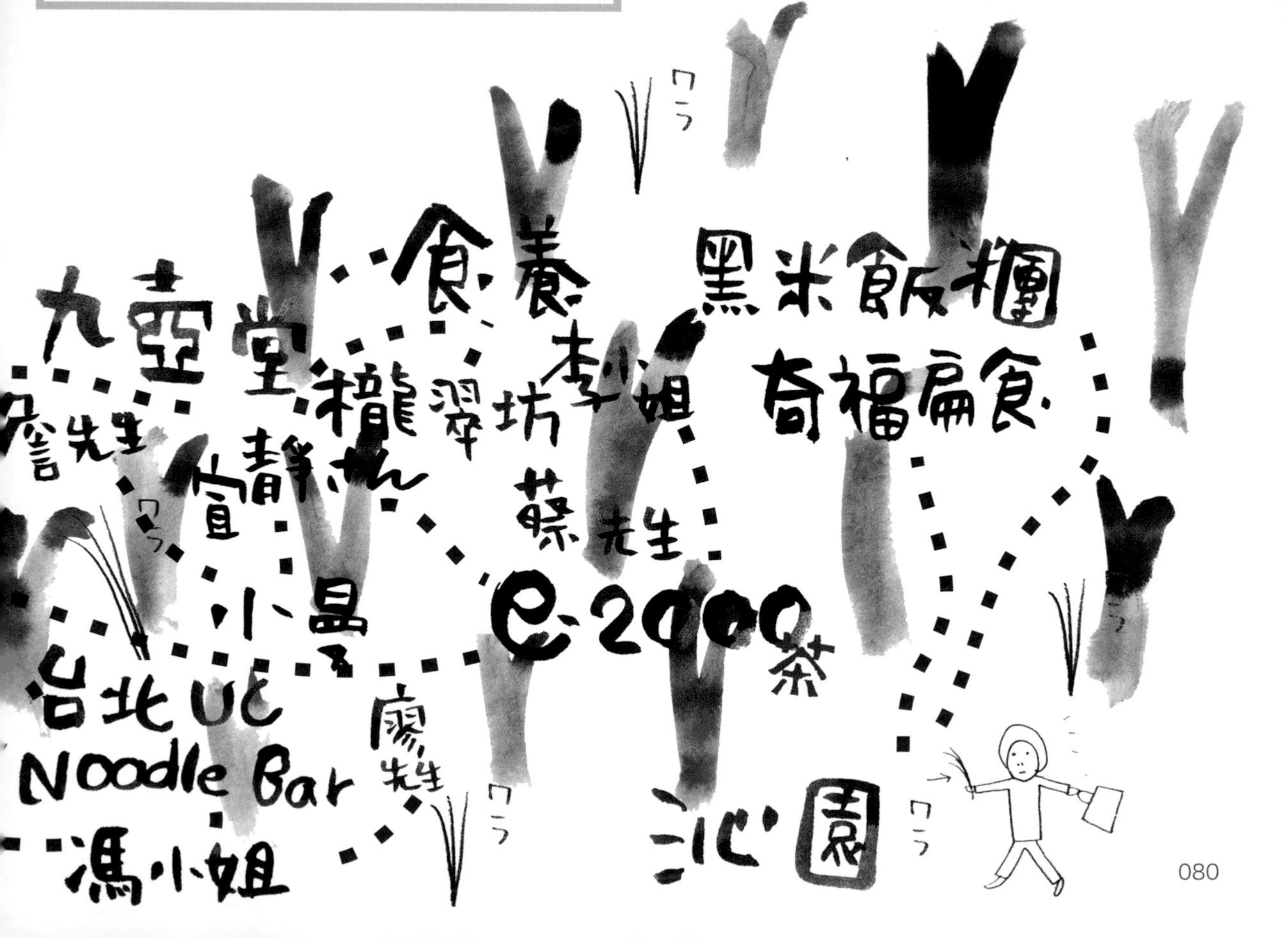

也幾乎對台灣一無所知。後來因為愛上台灣茶，開始泡茶館，茶館介紹更多其他的茶館給我，這些認識的人又介紹許多餐廳和喝酒的地方給我，連畫廊都幫我介紹。然後，開了個展和出版社的人認識，在台灣出書，書出版後，在日本也有了寫書的機會。即使我是路痴，又不太讀書，但我卻有很多可以寫成書的材料。我認為大家來到台灣，即使語言不通也立刻能和這裡的人成為朋友並擴展人脈。並且一定能夠發現只有自己才知道的台灣。如果我所知道的關於台灣的情報和別人認知的台灣不同，可能因為我的人脈圈的年齡層比較高的關係吧。（開茶館的人年紀都比較長……）

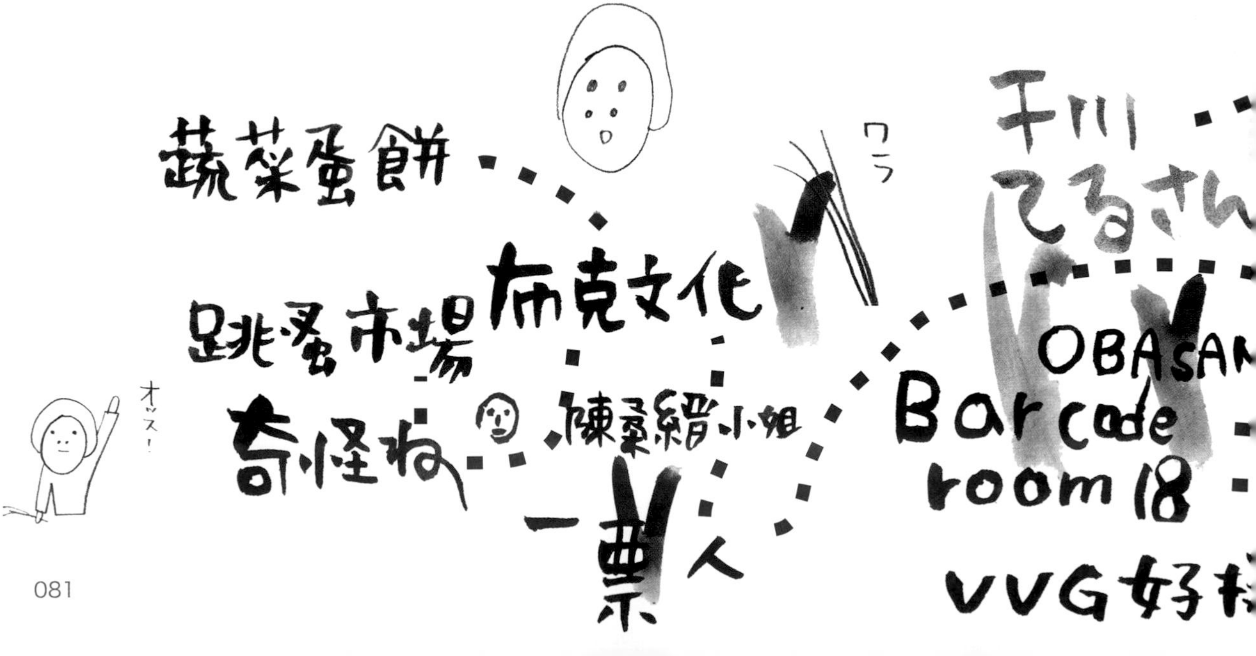

喜愛我的茶館系列

我的個性很大剌剌，不太適合安安靜靜地品茶。

但是，我卻很喜歡台灣的茶。應該說，茶館先喜歡上我的。而且不是只有一兩間茶館，都是很正統的茶館。因爲從一開始就喝很上等的好茶，現在我的身體已不接受不是上等的茶了。

如果大家不想變得跟我一樣，或許最好不要去我這裡介紹的店。

我因爲一喝有農藥和加很多香料的茶就會頭昏腦漲想吐胃痛，所以總是四處尋找好茶。越了解茶的世界越感嘆茶的深奧。無法以理論來學習，只能用全身來體驗。眞的好茶一喝下肚後，呼～地身體馬上有一股暖暖的氣流過，手腳溫暖起來，腦袋也因爲咖啡因而處於微醺狀態，心情頓時輕鬆了起來。尚未注入熱水前的茶葉香，沖入熱水後的熱茶香，喝完後杯子殘留的餘香，每種香味都不同，隨著一杯杯茶喝下肚，茶香在口中四溢開來，即使好幾個小時後依然久久不散。很棒的茶即使是刷了牙，或是吃了大蒜食物，香味依然會在口中甦醒。不但有光澤且有深度，濃郁又清新，讓人陶醉。

雖然我也喜歡發酵度低的包種茶和高山茶，但我尤其喜愛老茶。我不知道關於茶的深奧知識，只是按自己的方式來享受茶，這就是台灣茶的優點。只要自己認爲茶很美味，就能輕鬆自在和好朋友一起享受品茶的時間和空間。台灣人也是依自己的感覺來喝茶。越深入了解台灣的茶越覺得台灣茶沒有什麼特定的規矩，可以完全自在地品茶。

或許大家會覺得我在這裡介紹的茶館很貴。這是我品嘗了各地的茶後，精心挑選的店家。因此，一下跳到了這些高級的茶館，我不知道大家是否能感受他們的價值。「太貴」或許對某些人來說就無法列入好茶。勉強買了也覺得很可惜捨不得喝，如此一來反而糟踏了茶，或是因爲泡的技術不好，或水質不同，無法泡出和老闆一樣的茶。我的建議是，當進入好的茶館遇到自己中意的茶，就買一點點回去。以這樣的方式來買茶，把茶當成嗜好，不用勉強自己，全部的過程中都保持輕鬆的心情，這樣一定能夠享受茶的樂趣。請以這樣的想法來體驗這些特別的茶館。

每間茶館都有他們的特色，有的會提供很棒的話題，有的提供的是很棒的氣氛。有製茶的專家和泡茶的專家。我在這裡介紹的「泡茶的專家」，他們擁有獨特的氣質及看待事情的不同態度，這些也是品茶中重要的一環。請到這些茶館見見這些人，體驗小小的文化衝擊後再回日本。這些人都是有獨特文化又親切的人。

暫時把行程排滿的旅行擺在一邊（**很多地方不能刷卡**），好好地渡過輕鬆悠閒的時光。

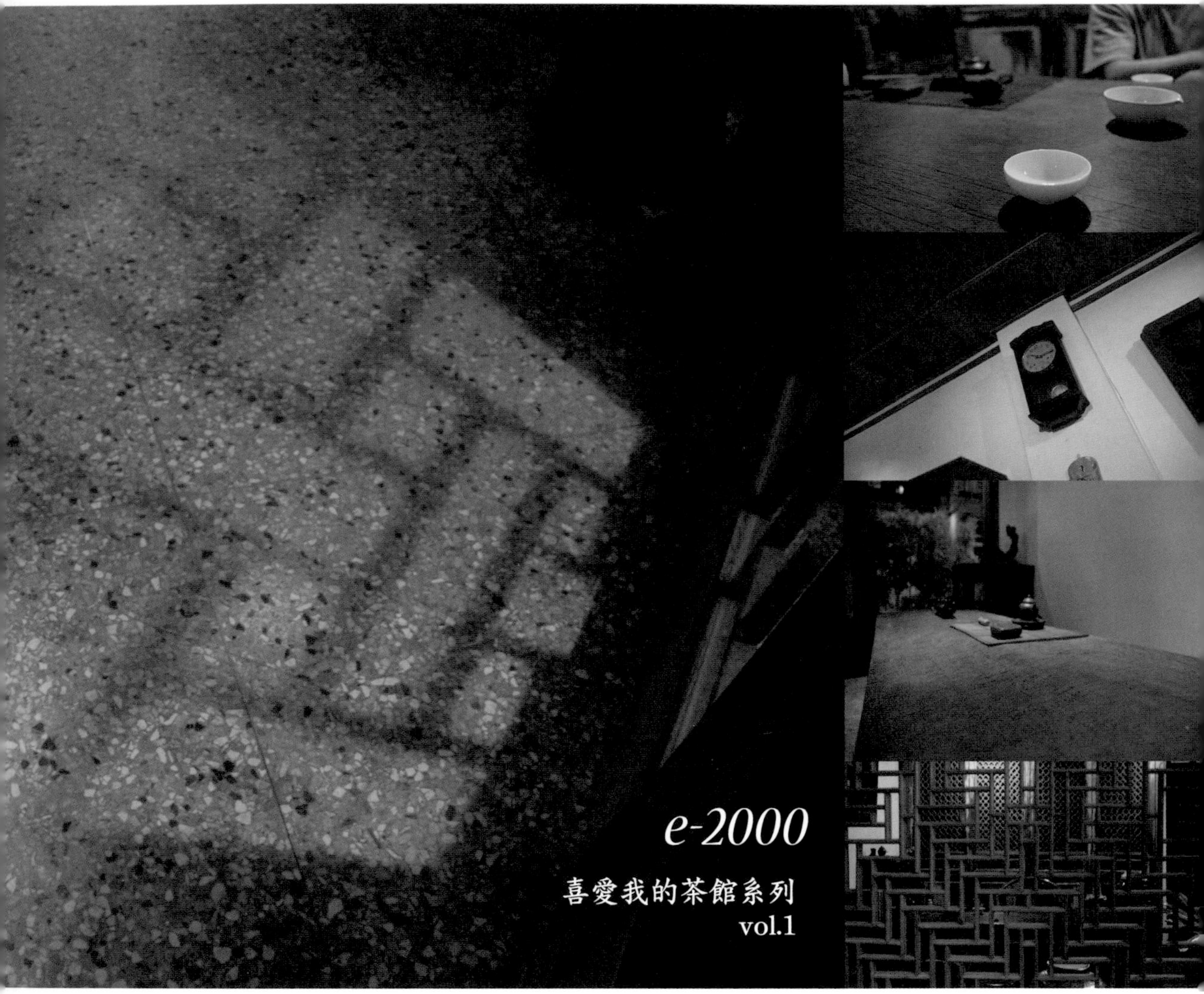

e-2000

喜愛我的茶館系列 vol.1

店名很怪。
白天不開，
開店時間和關店時間都很隨性，
不知道到底在賣些什麼，
來店的客人也身份不明。
幾年前還不太會講中文時，
突然闖進這家店的我或許也很奇怪吧。

＊1
對不起，你的鐘有一點不太準～

＊2
對不起，花盆的水有一點怪喔～

＜給老闆的話＞
＊1 雖然每次都不準，如果看到時鐘不準時，「老闆鐘不準喔」
＊2 雖然大致都腐爛了，如果看到插花的水腐爛了，「水腐爛掉了喔」

SEIKOUSHA 的鐘滴搭地走著，四處擺放著骨董的空間裡，沒有什麼人開口說話，可以慢慢地沉浸在茶的世界裡。
有時會有人拿著石頭走近店裡，撫摸著石頭，互相談論著石頭的觸感，另一個人則付高價把石頭帶回去。闖進這家店的不認識的客人就像是老朋友一樣並肩坐著喝茶。
有時這裡化身爲文化人士的交流空間。
去了幾次後，過了好一陣子我曾問過老闆：
「這家店賣些什麼？」
當時老闆回答：「店裡有的東西都賣。」但我卻覺得大部分都是非賣品啊。

我在這家店得知老茶。
並且認識了許多人。
正如被藏在入口的綠葉後方的枕木上刻著「老茶．老東西」，這裡是賣骨董和老茶的店。
汲取山裡湧出的水，用炭煮沸，喝著吸取幾十年時光的老茶。

不希望這裡被改變。
但是，卻很想炫耀自己知道這家店。

＜e-2000＞
台北市永康街 54 號 週日休

九壺堂

喜愛我的茶館系列 vol. 2

這家店一點都不像茶館。
好像是去別人家拜訪。
宛如是老闆的女兒泡著茶的鍾小姐。
但是，其實她在這裡工作了二十年。

老闆詹先生總是面帶笑容。
BGM 是古典音樂。
擺在店頭的茶的種類不多。
也沒有小包裝的茶。
因爲一般的客人不會來這家店。
所以不像一般的茶館。
或許給人高級且老闆頑固不易親近的感覺，但去了才知道。

總之，完全是出乎意料之外。

欸，老闆放音樂！

<給老闆的話>＊老闆雖然喜歡音樂，但有時會忘了放。音樂中斷的話就拿給他看吧。

＊跟他說我要拍照，他立刻把眼鏡拿下來。

「有各式各樣的客人。茶行和賣米賣衣服一樣，是很早以前就有的生意。
因此，不會想去裝飾店內。」老闆詹先生說。

我要在這本書裡介紹這家店時，曾嚇唬老闆：「日本來的客人或許會給常客添麻煩喔。」
但是，詹老闆回答：「我無法用日文好好地解說茶，最好自己帶會中文的人一起來。」
以歡迎日本客人的語氣回答我的問題。

因為店裡的常客其實不會來店裡。
他們信任詹先生，也不用試喝，一通電話就買了大量的高價茶回去。
因此，從一開始他也沒有把我當客人，所以才能輕鬆光顧，不買也沒關係。

總是和二十多年的店員一起微笑喝茶，一點都不像茶館的茶館。

<九壺堂茶莊>
台北市重慶南路三段 27 號 2F
一～五 10:30 ~ 18:00　週六早上休　週日休
＊按下一樓的門鈴，門就會開

治堂
喜愛我的茶館系列 vol. 3

穿過永康公園旁的小巷子。
離開喧鬧的街道後，
藍灰色木門的後方有個讓人忘了時間的空間。

把公園拋在身後，朝這裡走去，
好像進入了一個有點不同的地方，
門的彼方，日光流洩的空間，感覺又有點不同。

打開最外面的店門。
一分鐘前街上的鬧聲就會被拋在腦後，
連早上、下午、晚上都分不清楚了。

還在古老的茶碗上發現了日文。

養著瘦瘦的淡水小魚
有時全部死光，不久後又買新的。
會一直持續買下去嗎，這也是我去店裡的樂趣之一。

老闆跟我說不用寫他們賣什麼茶，
我於是想到寫上「這裡的茶一喝就會通體輕盈舒暢」

有骨董又有點昏暗的店裡，但卻一點也不讓人覺得沉重。
或許是因為老闆何先生的個性很安靜？

<冶堂>
台北市永康街 31 巷 20-2 號 1 樓（下午 3 點過後開始營業）

這裡的阿伯和阿姨在我剛來到台灣時對我很照顧。因 SARS 的騷動暫時回國時，我和朋友在名古屋開了一間台灣茶館。當時那家店還用了沁園二字，取名爲沁園茶房，由此可知二人對我有多麼照顧。

沁園是許多旅遊手冊裡也時常介紹的知名店家，裡面都是可安心購買的商品，說日語也 OK，對初學者來說很容易了解。茶器也有很多種類等級，從大眾使用的平價商品到骨董商品都有。除了店面的商品外，還有比較少見的茶，台灣的茶通也會來光顧的店。茶點的茶梅也很有人氣，是自家調配的，沈香的香味和味道都很高雅。

因爲阿姨對中藥和美味的東西很內行，只要發問都會一一回答。我最喜歡看阿姨泡茶的樣子，好像對茶和茶具有著情感。因此，味道當然也不同。阿伯總是很多管閒事，老是被阿姨罵，但仍然笑臉回應，是個脾氣很好的人。

孫女

＜沁園＞台北市永康街 6 巷 13 號 1F

＜給阿伯的話＞阿伯時常畫一芯二葉的圖送給客人。
那時，我在一旁畫了「一芯二葉阿伯圖」送給他。
如果阿伯畫一芯二葉的圖，請把這幅畫拿給他看

喜愛我的茶館系列 vol. 5

張宜靖小姐的工作室

這個地方沒有名字。
工作室在日文中是 atorie、
studio 的意思。
這裡比較像是沙龍。

大家在這裡交流文化。
主人就是張宜靖小姐。

第一次去時是梅雨剛下完的晴天。
窗外就是公園的綠葉。

很有 sense 的創作空間，和中國茶一起享用的是她自己獨創的可愛粉紅色梅子起司蛋糕。令人想像不到的梅子酸竟然如此美味。

這裡不是茶藝館也不是茶屋。「原本沒有打算賣東西，但爲了讓大家有理由可以來，所以放了一些茶和茶器。也可以當成一種裝飾。希望能成爲大家交流的地方。」她這麼說。
誰都可以進去的工作室。有時這裡也會有茶教室或料理教室。我問她：「日本觀光客也可以參加嗎？」她回答只要先電話預約，她就會安排。張宜靖小姐的工作室是個不以販賣商品爲目的的多用途空間。因此，這裡的骨董都很平價。

可以放鬆的空間
文化交流的開放空間
張宜靖小姐的工作室

＜張宜靖＞台北市永康街 31 巷 6 號 4F　電話 02-2394-4742　行動電話 0932-242-380
＊宜靖小姐是位家庭主婦，營業時間不固定。要去拜訪請先電話連絡。
「有緣時，再相會吧！」她這麼說。

我知道的關於茶的事。

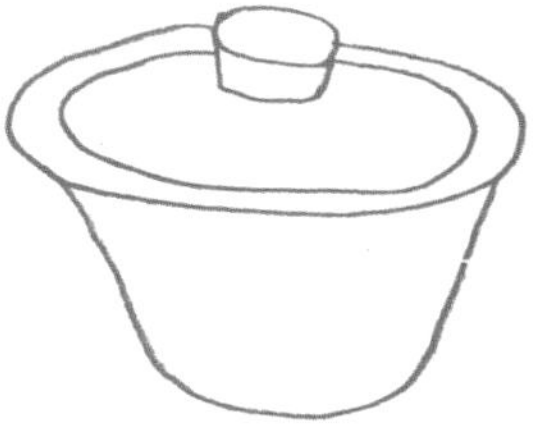

蓋碗能將茶的優點 100%發揮。即使沒有什麼技術和知識也能喝到美味的茶的茶具，e-2000 的老闆如是說。至於茶葉的量、熱水的溫度及注入熱水後要過多久再把茶倒出，這些都因茶的種類有所不同，也依每個人的喜好而異，最好是先用少量的茶葉自己模索，九壺堂的老闆這麼說。

如果能配合茶葉、茶壺的大小和形狀的話，茶壺可以將茶的味道發揮到 120%、130%的道具。但是，如果不能配合的話，茶的美味也會減少，e-2000 的老闆這麼說。材質以中國宜興製的為佳（時常可看到的茶色或是像焦茶色的壺），因為是天然素材，而且沒有上釉藥，故茶器會呼吸，這樣是最好的，沁園老闆這麼說。

茶

包種茶

發酵度低的綠色的茶。茶葉很大片。台灣代表的茶。沖泡時水的溫度較低。

高山茶

一千公尺以上的山麓栽種的高山茶。綠色的茶。依店提供的茶的不同會加上不同產地的山名。

白毫烏龍茶（東方美人茶）

發酵度高，接近紅茶顏色的茶。茶葉的顏色多樣甚至長毛。被蟲吃了後才有這種味道，即使在不可靠的店裡買，應該也是 100% 無農藥。

鐵觀音茶

和中國的製作法不同，所以味道也不同。有香味和甜味，有點像荔枝。

這樣拿就不會燙。

用食指押住蓋子的正中央，姆指和中指夾著杯緣就不會燙。蓋子微稍挪開一下，把茶倒出來，茶葉會留在碗裡。如果能操作的很順手的話，就有專業的架勢。

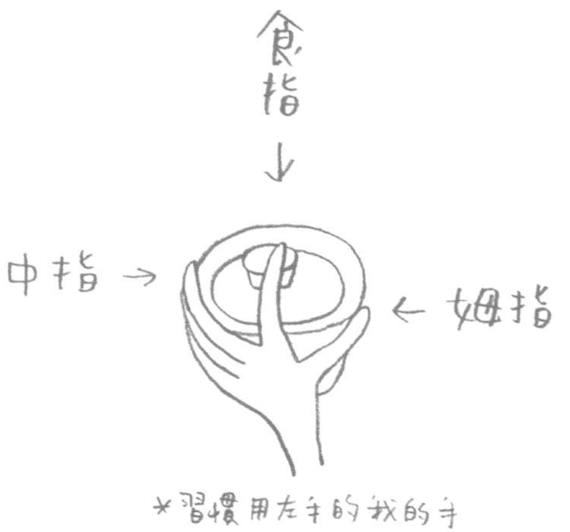

茶器的選擇雖然依各人喜好不同，但白色的比較能看出茶的顏色。台灣的茶不但可以品嘗，還能用眼睛看、用鼻子聞。大量吸取茶香，深呼吸就會感到放鬆，甚至有芳香療法的作用喔。

比起工夫茶茶組的茶杯稍微大了一點。我知道的地方大概都使用這些茶具。聞香杯不太常使用。並不是台灣的茶館都一定會用聞香杯喔。

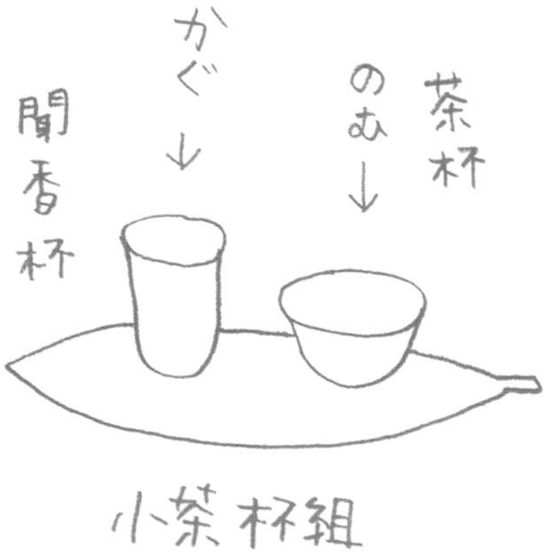

工夫茶的茶組。有專門聞茶香的杯子。把茶先注入聞香杯後，再倒進茶杯，然後把聞香杯拿起來聞茶香。在茶藝館可以體驗到這樣的品茶方法。

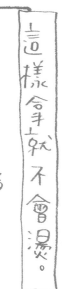

馬祖，遙遠的國度

一個很安靜的島。
愛上這個島就是因為人很少。
但是，我遇到的人都很溫暖。

福建式的空屋、大海、綠葉、軍隊組成的風景，人煙稀少的島。
住在散發福建杉香味的老房子裡，
拿著小小的相機，在島中四處閒逛。

和郵局的人變成好朋友。
請我吃好吃的東西，
送完信還送我去燈台。

託郵局的人的福，到燈台裡參觀。
帶我參觀的是從同樣是離島的金門來的，
有著酒窩的年輕燈台看守員（看報紙求職欄應徵上的）。

特徵１．只帶著一把吉他就來到馬祖。
特徵２．酒窩裡有著鬍鬚像鯰魚一樣。
特徵３．把島的前端，沒有人會來的燈台的最重要部分磨得發亮。

很古老的英國製的燈台。
聽到了幾個關於燈台的傳說。

用相機的快門切割下來的燈台、藍天、大海，有點像是地中海的一景，
回程時走過的枯萎荒野，就像安德魯．魏斯（Andrew Wyeth）的風景畫般。

看到當時拍的照片，每每都有一種寂寥又安穩的心情。
雖然台灣和日本很近，
這裡的風景讓我不禁暗忖，我來到了一個遙遠的地方。
為什麼我會在台灣呢。

＊去馬祖要坐飛機，或是從基隆坐船。由於天氣狀況不隱定，時常停飛。
主要由四個島，北竿鄉、南竿鄉、莒光鄉、東引鄉和其他小島組成的島嶼。北竿鄉和南竿鄉有國內線的機場，島嶼間的移動靠船，島內的移動靠徒步或是少數的計程車。

＜馬祖資訊＞

- 馬祖國家風景區管理處 HP　www.matsu-nsa.gov.tw（有日文）
- 我第一晚住的北竿的民宿（照片 A、D）　＜芹壁休閒渡假村／地中海民宿＞馬祖北竿芹壁村 54 號 http://www.chinbe-village.com.tw
- 我第二晚住的南竿的民宿（照片 B）　＜夜宿海角＞馬祖南竿復興村 159 號
- 夜宿海角的附近有無線上網服務的 cafe　＜漁寮書齋＞馬祖南竿復興村 110 之 1 號
- 「鯰魚酒窩」的燈台（照片 C、E）　＜東犬燈塔＞莒光鄉
- 順道去了莒光鄉的豆腐店　＜豆腐王（國利豆腐店）＞莒光鄉大坪村 74 號

這本書裡我雖然寫了很多關於小籠包的情報，
但其實我從開始在台灣生活後從來沒有一次是自發性地去吃小籠包。
說到台灣大家就會想到小籠包，吃了很多次，所以有很多小籠包的題材可寫，
介紹小籠包的話，書應該會賣吧，基於這樣的原因才寫了許多小籠包的事。
這是我的陰謀，真是不好意思。
雖然我覺得中華料理很好吃，但卻無法每天都吃。

～一個在台灣增胖了不少的女人的真心話～

在台灣生活後最高記錄增加了9公斤，甚至身體有點不舒服。
所以自己不會想花錢去吃中華或台灣料理。
因為太油，身體無法承受。
雖然有很多素食店，但一樣很油。
為什麼台灣沒有無油的店呢。
已經年紀不小了，讓我的胃不太舒服。

所以，從日本來的朋友們，很想吃我刻意不吃的料理，讓我非常困擾。
「想去吃的話自己去啊」、「因為妳們我才變這麼胖的」，我很想這麼說。

平常我都吃 subway 這種三明治。
（因為去太多次了，對店裡的事瞭若執掌。像是那裡的店員被調到這裡、那個店員會給比較多生菜、這家店比較擅長切菜、對藍眼睛的外國人比較小心翼翼地服務等等。）

不然就是自己在家煮飯，一直吃納豆。
（冷凍庫裡裝滿了從日本帶來的納豆。）

不然就是只去以下我介紹的店。
（不太油、或是有點油但味道很簡單、味道很香讓人忍不住想去、因為各種理由讓我怎麼樣也吃不厭的店家。）

基於上述的原因，如果日本來的朋友能想去我以下介紹的店，我會非常的高興。

我常去的店。

從下一頁開始

包有機萵苣的貝果

蔬果貝果

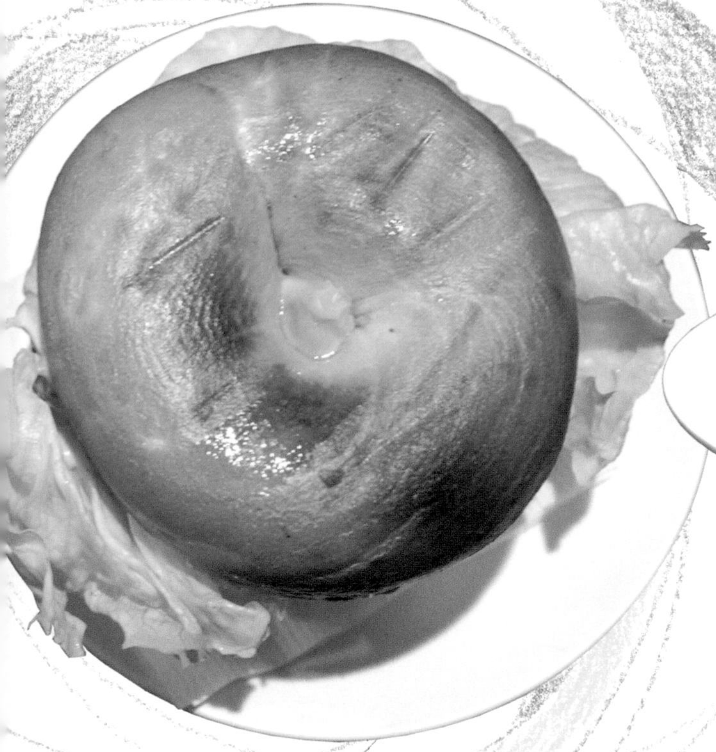

變成章魚喝看看

現搾果汁

美而美

葡萄汁

蘋果汁

＜每一天健康餐飲／ Every Day＞蔬果貝果

夾蔬菜的貝果。將各種小東西（苜蓿芽、紅蘿蔔絲、素肉鬆＝大豆製的肉鬆、蘋果、葡萄乾、南瓜子）用大片的萵苣包起來，然後夾在貝果裡。厚度竟高達 9.5cm ！貝果用起司和奶油烤熱，超好吃的。台灣的生活讓我想念蔬菜的口感，這道蔬果貝果正合我意。而且又大又豪華，很不容易吃，真是苦惱♡。其他口味的貝果也都評價不錯。這樣的價錢能吃到這麼大的沙拉真的很划算。台灣各地的沙拉幾乎都用很甜的千島醬，實在讓人抓狂。應該說很生氣。我正在計畫有一天去餐廳點沙拉時自備自己專用的沙拉醬。其他也有飲料和湯，我不推薦。如果想喝可以試看看，但本人不推薦。

＜每一天健康餐飲／ EveryDay＞（不知店名到底是什麼，似乎只有「每一天」）
台北市羅斯福路三段 26 號　8:00~21:00　六日 8:30~
MRT 古亭站 2 號出口往公館方向的羅斯福路走路 5 分鐘（Map*1）

＜古亭水果吧＞現榨果汁

現榨的新鮮果汁店。這種店雖然四處可見，這裡是我的勢力範圍所以時常去。我最喜歡的是百香鳳梨。包括每個季節的蔬果，共有 50 種以上的 menu。這家店的特徵是在蓋上蓋子前會要求客人先喝一口。把榨好的果汁倒入杯子後，會咚一聲擺在客人面前，問客人：「要不要先喝一點？」幾乎所有的客人都不會把杯子拿起來，直接把頭伸出去，嘟起嘴像章魚一樣啜著果汁。又不是在試喝，果汁的量也沒有因為太多而無法蓋蓋子，卻叫客人喝，到底是為什麼？

＜古亭水果吧＞台北市羅斯福路二段 81-1 號　7:30~22:00（我想應該沒有這麼早開這麼晚關吧，但店員這麼說的。）MRT 古亭站 3 號出口立即可看到。（Map*2）

＜新永泉＞＜美而美＞的蔬菜蛋餅加起士

台灣的早餐 menu 蛋餅是有很多吃法的食物。其中我最喜歡的是蔬菜蛋餅，但卻不是每個地方都有。我在師大路和行天宮附近發現了有賣蔬菜蛋餅的店。＜新永泉＞的很像沙拉，主要放的是苜蓿芽，再加上花生粉。＜美而美＞有時是放煮過的高麗菜，有時是生的萵苣。我都會加十元再多加起司。

＜新永泉＞台北市龍泉街 56 號　和師大路平行的龍泉街進去。7-11 的旁邊。（Map*3）
＜美而美＞台北市民生東路二段 147 巷之 8　6:00~11:30　週日休（Map*4）
（注：美而美是連鎖店，但每家店的商品不盡相同。）

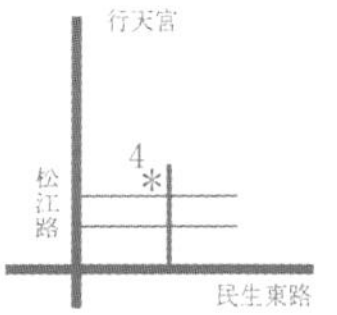

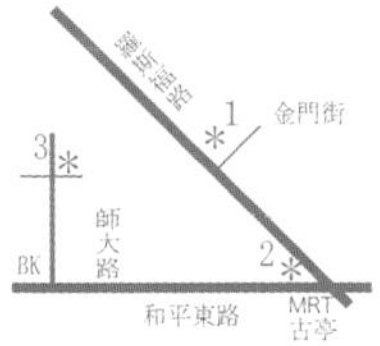

新永泉

蔬菜蛋餅

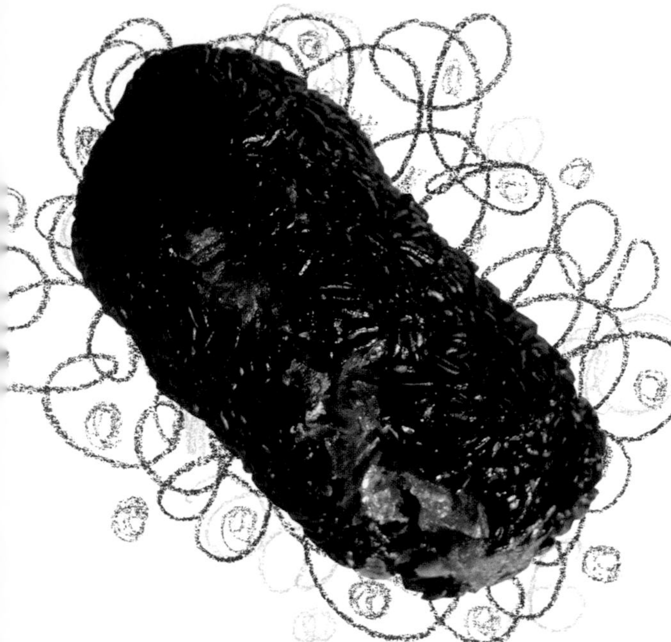

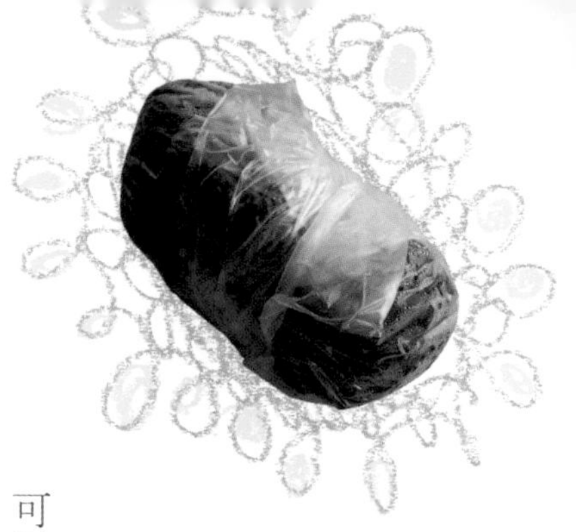

可以抗酸化的黑店

黑豆花

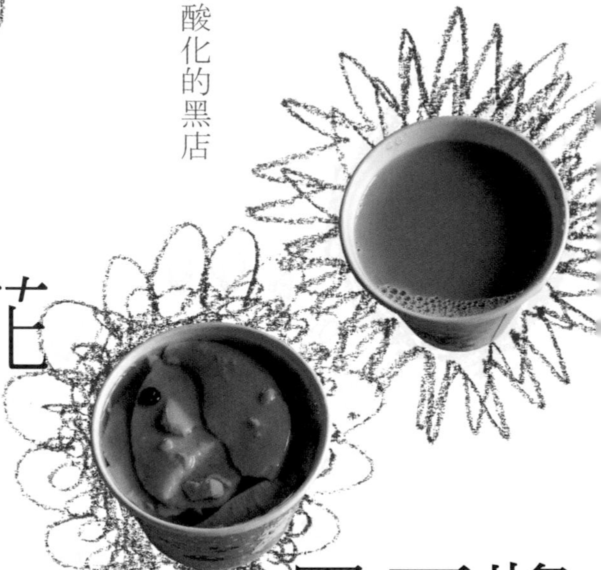

黑豆漿

五

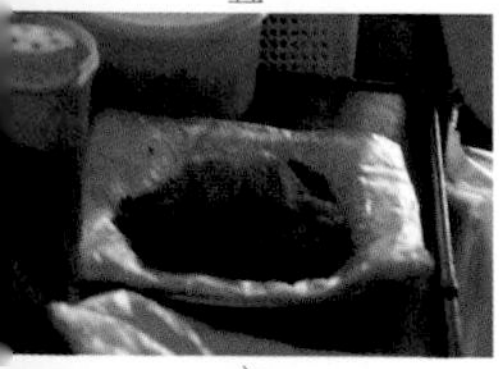

六

三

一

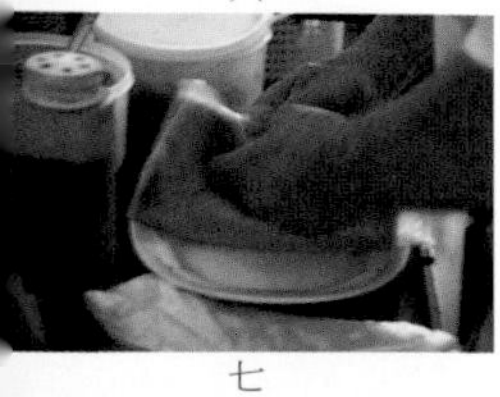

七

四

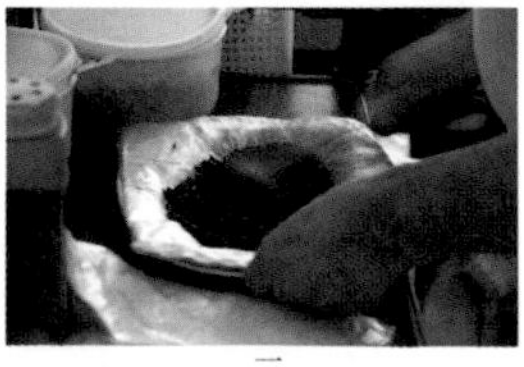

二

一、揉飯糰的道具，毛巾
二、放上黑米
三、撒上芝麻
四、放上蘿蔔乾
五、放上肉鬆
六、放上油條
七、成形

黑米飯糰

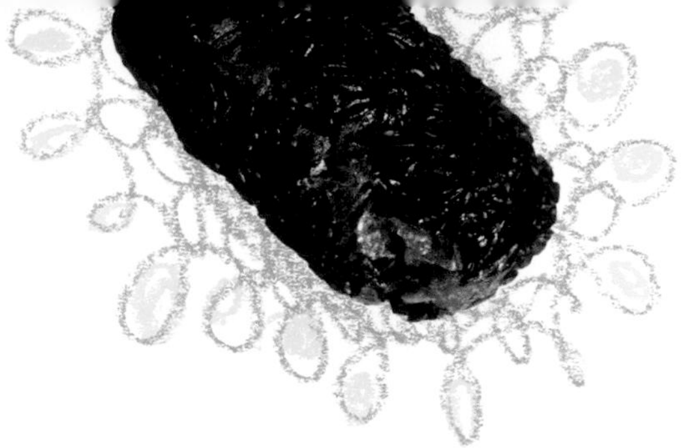

＜員林商店＞

這家店的商品全部都是黑的！米、豆漿、豆腐也是黑的。飯糰是台灣的長型飯糰，一般是白的。但是這家店使用的是像日本黑色的古代米。紫色的米的飯糰，也就是紫米飯糰還算常見，黑米就很少見了。有嚼勁，口感和白米或紫米不太一樣。豆漿也全都是用黑豆做的所以是灰色的，豆花（一種豆腐甜點）也使用同樣的黑豆漿，所以也是灰色。飯糰裡面包的和一般的飯糰一樣是肉鬆、蘿蔔乾（台灣的不黃且鹽分少的醃蘿蔔）、油條，但吃起來卻比其他的店家好吃。有很多店的肉鬆假假的。也有為了吃素的人而使用大豆製的素肉鬆飯糰，雖然不會想吃，但有一般口味和辣味兩種。將粉紅色的毛巾包上塑膠袋當成飯糰卷簾，正當在揉飯糰時手裡粉紅色和黑色的對比更是讓人目不轉睛。下午歐巴桑要睡午覺，改成穿內衣的大肚子歐吉桑來包飯糰。夫妻二人都不怎麼笑臉迎人，但歐吉桑的手比較大，所以包的飯糰也比較大，感覺佔到便宜。最好下午去。看照片一糰黑感覺有點恐怖，但味道保證包君滿意。而且據說黑色食品有防止血液酸化的效果。讓我們一起來抗酸化！

＜員林商店＞

台北市金山南路二段 129 號　大概是 8:00~21:00　MRT 古亭站徒步 10 分鐘

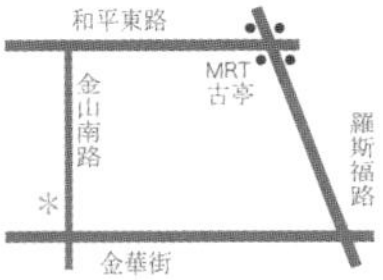

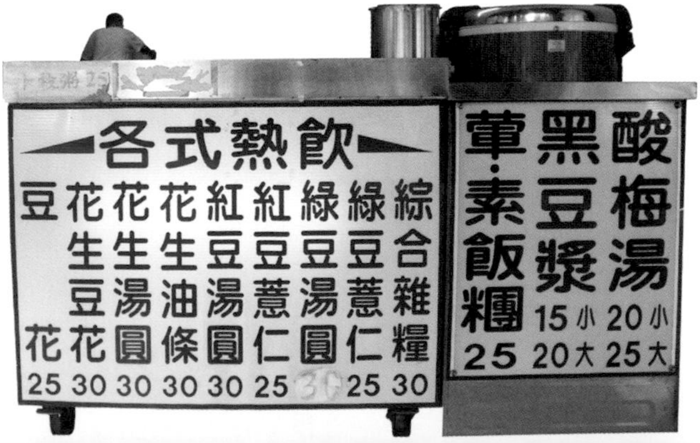

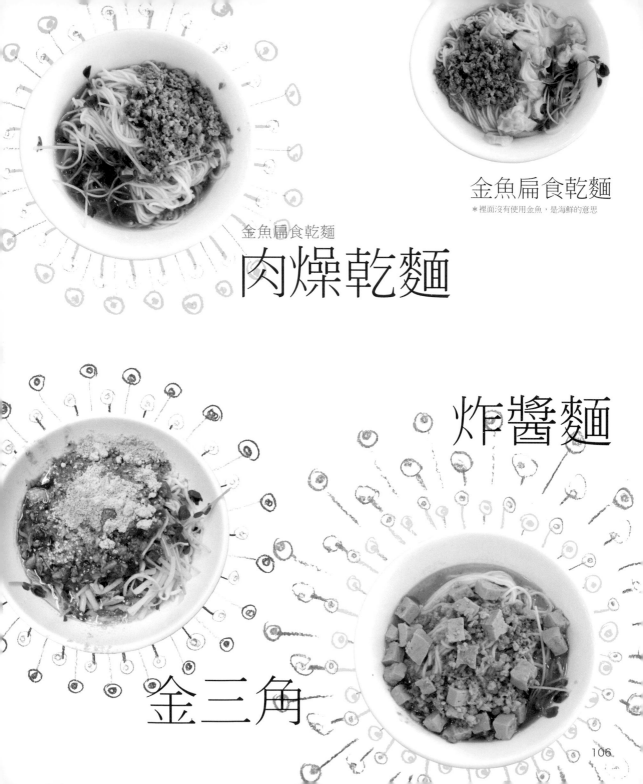

金魚扁食乾麵

＊裡面沒有使用金魚，是海鮮的意思

金魚扁食乾麵

肉燥乾麵

炸醬麵

金三角

<奇福扁食>
聽說這裡的餛飩很好吃所以去光顧這家店，結果超愛吃乾麵的我，點了乾麵後覺得乾麵比較好吃。乾麵就是沒有湯的麵的總稱。那時吃的肉燥乾麵，是淋上了甘甜肉燥的小碗麵。之後又吃了炸醬麵，最後才終於嘗了餛飩。我以動物的直覺來排名。餛飩有兩種海鮮的口味，干貝和金魚都很好吃。這裡的湯麵對日本人來說，味道有點淡。台灣湯類食物口味都很清淡，所以我喜歡吃乾麵。我家附近雖然有分店，但我還是喜歡去信義店，因為他們放的蔬菜比較多，而且做得比較用心，明明使用一樣的材料，卻覺得味道不同。順便一提，有冷凍餛飩和冷凍肉燥可以外帶。但是，不能帶回日本吧？嗚，太遺憾了。

<奇福扁食　信義二店>
台北市信義路二段 243 巷 5 弄 1 號　週日休

*那天去粑粑絲剛好賣完。

干貝扁食乾麵

<金三角>
和店名一樣的金三角是泰國或雲南的料理，但我去了泰國不下 10 次卻沒有吃過。難以形容的絞肉和洋蔥的外國風醬汁加上花生粉和蔬菜的麵。麵有七種可以選擇。我總是點金三角乾麵配上有點像是不可信賴的烏龍麵般的粑粑絲的組合。吃完後衣服會有味道，但這我一點都不在意。只要好吃就好。總是擠滿當地的學生，十分熱鬧。加點辣味醋就更加美味了！

<金三角>台北市羅斯福路四段 108 巷 2 號　週一休
MRT 公館 1 號出口徒步 3 分鐘

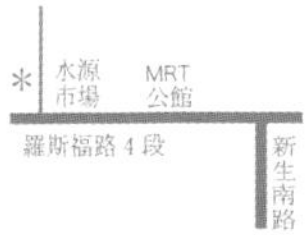

常常去的

永康刀削麵

最喜歡的

福州乾拌麵

＜永康刀削麵＞

便宜！又快！又好吃！而且不油膩。

可以在店的前面看到笑容親切的壯碩大哥揉麵糰並且直接把麵糰咻咻地削到大鍋裡煮的樣子。炸醬麵是上面淋了豆腐的魯肉醬、再加上小黃瓜和豆芽菜。

依時間不同，有時青菜只有一種。

依個人喜好，可以加桌上放的黑醋調味，再加點桌上有時候會沒有的的水果醬（加水果的辣醬，但不太辣而且很美味），有時依時段不同，桌上還會有酸菜，加入之後量就變多了，真令人開心。一旦冷掉就不好吃了，最好不要顧著說話，趁熱吃掉。以我的經驗來看，嘴巴小的女生或是動作慢吞吞的人，因錯過了好吃的時機，所以認為不太好吃。白天去有時麵裡會同時有小黃瓜和豆芽菜，桌上也幾乎都有酸菜和水果醬，但白天魯肉份量比較少。晚上去幾乎沒有看到酸菜。沒有小黃瓜的機率也很高。但是魯肉的量充足，沒問題。我想是因為白天和晚上的店員不同的關係吧。所以，不論白天或晚上，想去的時候就去吧。＜小＞的份量一點都不＜小＞，點＜大＞的會端出相當大份量的麵。

＜永康刀削麵＞
台北市永康街 10 巷 5 號　11:00~14:00 ／ 16:00~20:00

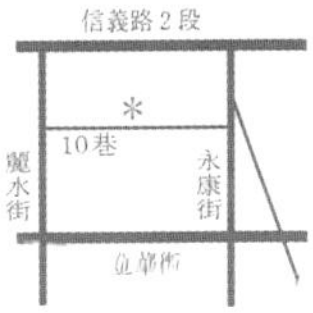

＜福州乾拌麵＞

我父親來台灣時，雖然我帶他去吃了很多高級料理，他回去前說了，這裡的麵最好吃。大家一定會喜歡的麵。有點像中華版的辣味大蒜義大利麵（peperocino），只有加蔥和透明的醬。看右邊的圖大家一定會認為，這不是普通的麵條嗎？我自稱是秘密乾麵研究者，這裡的乾麵真的是我的最愛。麵有嚼勁，真的是以麵條分高下的感覺。下麵條時會使用計時器，真的很想拿給台灣各地的義大利麵餐館看。其他還有餛飩、咖哩、貢丸湯等，但請直接略過，來這裡就是要吃乾拌麵。拌均後立即趁熱吃。桌上放的烏醋，有點像日本の Worcester sauce，但卻有一點像日本漱口水的味道，如果不討厭的話，可以試看看。剛煮好時會覺得有點鹹，但過一下子就會被麵吸掉。麵吸飽了醬汁後，鹽份不可思議地減少，會開始懷念最初的鹹味。像 Worcester sauce 的烏醋有一點鹹，加了這個酢和辣醬調味後，會變得更好吃。＜大＞碗完全是一般的量。＜小＞碗的有點像在吃點心。遺憾的是吃點心的時間這家店是休息的。

＜福州乾拌麵＞台北市羅斯福路二段 35 巷 11 號　11:00 ~ 14:00 ／ 17:00 ~ 20:00
MRT 古亭站 6 號、4 號出口徒步一分鐘

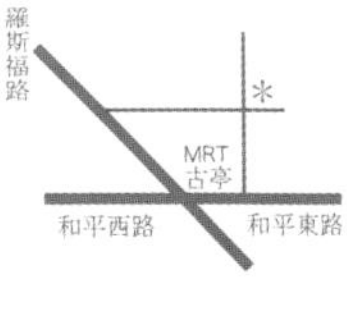

精力湯

黑醋栗酸奶

ㄅ 五葉松做成的酵素汁

ㄆ 以為他去做料理了，結果在外面摘什麼東西

ㄇ 這就是<法式松露醬經典套餐>。
超大杏飽菇煮過後還這麼巨大。醬很美味。

ㄈ <生菜手捲>除了蔬菜，還加了蘋果、海苔、花生粉、水果乾等。

<阿蜜利多>

我在之前出的書裡也曾介紹這家綠色果汁<精力湯>健康食品店。在書中寫了很多這家店的阿姨的事， 所以不太好意思再去，但有時會偷偷地經過店前面，有一次被阿伯看到叫住：「我有讀妳的書！」關係因而修復。確認阿姨不在店裡的時間，又開始去店裡光顧。最初是自稱通靈人（能和外太空等人通訊的樣子）的朋友帶我去的，他說「這家店有能量」。店裡的招牌是以螺旋藻 spirulina、大麥嫩葉、糖蜜 Molasses、亞麻子油為主再加上鳳梨、木瓜、香蕉、芹菜、小黃瓜、杏仁果等混合打成的健康綠色果汁<精力湯>。和日本的青汁（AOJIRU=據說對身體很好卻又苦又難喝的果汁）。不同，不會苦。好喝又有利尿作用，喝了讓你暢通無比！虛弱疲憊時喝下後眼睛立即亮了起來，並且馬上恢復精神。在板橋店喝的<黑醋栗酸奶>的黑醋栗 Blackcurrant 的奶昔甜甜酸酸的很好喝。有補血和減緩生理痛的作用，還有保眼效果，也是一喝就會讓眼睛為之一亮的飲品。其他還有使用有機食材的素食 menu，我常吃的是味噌炒飯<有機味噌炒飯>。咻咻灑上一些山葵，味道很特別。此外，板橋店的<生菜手卷>裡面包有十二種蔬菜，很美味。因為我對生菜很飢渴，所以這種東西對我實在太有吸引力了。

還有，還有阿伯推薦的有點貴的套餐，每道菜上菜的順序都事先考量過消化吸收和效果。<法式松露醬經典套餐>裡的主菜是大到嚇人的杏飽菇淋上起司醬，其他還有五葉松做的酵素和紅麴炒飯，再附一杯精力湯。本來只打算介紹精力湯，但阿伯請我吃套餐，吃人嘴軟所以在這裡介紹。（但日本應該沒有這種餐，而且對身體很好，很有嘗試的價值。）

此外，信義店的阿伯很閒時就會附送能量測量。能力棒如果砰地反轉表示能量充沛！阿伯就會很興奮。（詳情請參考以下的圖）這次沒有寫阿姨，改寫阿伯的事，我已經有覺悟無法再進出這家店了。

<阿蜜利多>
信義店：阿伯在的店（傍晚過後阿姨也在）
台北市新生南路一段 170 巷 13 號 1F　11:00 ~ 22:00
板橋店：板橋市文化路一段 407 號 BF1　7:00 ~ 22:00
（MRT 新埔站 1 號出口 100M，郵局旁邊）

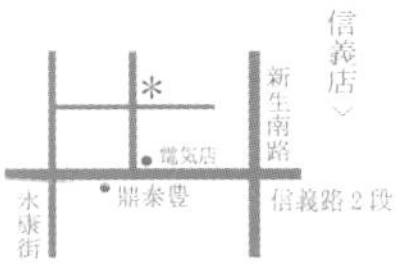

1 這就是測量體內能量的「能力棒」。

2 能量很強時棒子就會反轉。
如果能量弱時就會被測試者吸過去。

3 漸漸往後退的阿伯（似乎很高興）。
注：右邊的照片因移動中所以糊掉了。

4 多虧了精力湯，變得這麼有能量！
阿伯快要看不見囉。

清蒸臭豆腐

公館的超臭臭豆腐第二名

下港臭豆腐

脆皮臭豆腐

＜興隆＞
＜得記港式麻辣＞
有時會突然很想吃臭豆腐。臭豆腐可以說是豆腐中的魚露，是我的最愛，甚至有朋友在我生日時以臭豆腐為我慶生。炸臭豆腐在調理時雖然會發出很臭的味道，但吃起來其實沒有那麼臭，配菜固定是酸甜泡菜。我選擇臭豆腐的標準是豆腐炸好的樣子。炸太久有點乾硬的店，還有炸得像油豆腐一樣軟的我都不喜歡。這裡介紹的二家臭豆腐店的豆腐，外面炸得香脆，咬下去後裡面的臭味嗚哇地～四溢開來，讓人忍不住想一吃再吃。
＜得記港式麻辣＞也有辣味臭豆腐鍋（麻辣臭豆腐）。豆腐的氣泡發出的氣味讓人忍不住垂涎。這裡把它命名為清蒸臭豆腐，除了臭豆腐外還可以按自己的喜好再加點鴨血、肥腸、蔬菜、肉等。辣度也可以選擇，但小辣就非常辣了。我不敢吃內臟，但從日本來每次必吃的朋友說，鴨血「一咬下去噗嗞～」、「滑溜的口感實在讓人忍不住」，肥腸「味道太有深度了」，每次都吃得很滿足。看到日本的朋友們吃臭豆腐鍋的樣子，真是一副好風景。
＜得記港式麻辣＞的隔壁是同一個老闆開的＜鴨片粉圓＞可當成餐後甜點，建議吃完臭豆腐後來點檸檬味的愛玉加粉圓，嘴裡清爽一下再回去。＜興隆＞除了泡菜外，還能加點小黃瓜、豆芽、香菜，就能吃到更多蔬菜。泡菜也能再另外點，分量就增加了。這裡的味道比較沒那麼濃，或許適合初次挑戰的人。因為比＜得記港式麻辣＞離我家近，所以我比較常去這裡。

＜得記港式麻辣＞台北市羅斯福路四段 52 巷 16 弄 4 號 11:30 ~ 23:30
（MRT 公館 4 號出口進入第一條巷子就能看到招牌。Map＊1）
＜興隆＞台北市羅斯福路三段 33 巷 2 號　11:00 ~ 23:00
（新生南路的誠品書店後面。Map＊2）

＜鴨片粉圓＞台北市羅斯福路四段 52 巷 16 弄 4 號

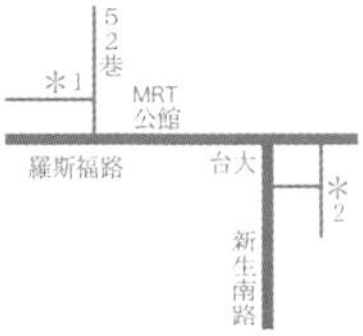

變身寫真館

不用整形

朋友關小姐開了一間藝術寫真館。計畫了很久，終於如願開幕。

雖然我對拍這種照片沒什麼興趣，但因為種種原因決定嘗試看看。雖然很害羞，覺得有點難為情，但看到洗出來的照片後，卻覺得「很有趣！」

協力：台北1981寫真館

這樣的臉

這樣的臉

這樣的臉

這樣的臉 → 變成這子

在這個人的指導下

攝影師 關小姐

拍照時變最多的是關小姐。突然變得認真嚴肅到認不出來，妳是誰？

關小姐已有數十年的拍照經驗。而且總是希望自己的技術能更上一層，時常更換相機等器材、衣服、攝影布景等，練習如何才能拍得更出色。但事實卻是每天都忙到幾乎沒有時間吃飯。去別的公司上班，環境常常不如自己所預期，所以關小姐才開了一間屬於自己的藝術寫真館。2006 年 2 月突然找到了贊助人，並迅速地找到店面，然後開始裝潢、買衣服道具、做網頁、甚至自己親自監督施工，才花了三個月就完工開幕。（上面的照片看得出來嗎？一位很有毅力的女性。）

拍出來這樣子

1 地下的試衣間和化粧室。2 廚房布景。3 中國風布景。4 歐洲風布景。5 女生的房間。6 台北 1981 入口。坐在小女生攝影用的別緻鞦秋千上的關小姐。7 我油漆的窗框。

個性寫真如何拍，詳情請參照 1981 網頁及我的影像部落格。
＜台北 1981 寫真館＞
台北市臨沂街 27 巷 4-3 號 1 樓　9:00 - 18:00
日文專線 0919-001981　　http://www.1981taipei.com.tw/
影像部落格＜台灣一人觀光局＞
點 http://www.aokiyuka.com/ 的 2006 年 11 月的影片

這間寫真館的贊助人之一是我家附近的電腦行老闆馬克。我和關小姐是因為馬克才認識的。時常聽兩人提到要開寫真館的計畫，準備期間我也幫忙粉刷寫真館的窗框，還有幫忙把網頁翻譯成日文。其實是因為我平常擅自去馬克的店裡使用傳真機，所以欠他人情。因此，才免費幫忙。後來開始產生感情，於是在我的影音部落格裡介紹，發現比我想像中還有趣。

關小姐很會指導被拍照的人擺姿勢，在她的指導下，表情、身體、眼神一點點地調整，不論是多害羞的人，都會出現從來沒出現過的表情。

衣服也時常添新裝，大家都很熱愛工作，而且熱心地研究。店裡的氣氛很好，日文也能通，我想能輕鬆地享受拍照的樂趣。（說了這麼多好話，應該獲得了終生傳真機使用權吧。）

（注：三個人原本更可愛的）

↓馬克　↓化粧師 NONO　↓關小姐　↓攝影師 Jerry

優雅極至的用餐時間

盡量在用晚餐前早一點到，
店主替我介紹「西方」。

在河邊，沒有人跡的「西方」長了一大片青苔。
映入眼簾的風景宛如幻想中的綠色世界。
用餐前的散步是為了保養眼睛。
吸入飽滿的新鮮空氣，
為晚餐揭開序幕。

享受完美麗的料理後
在另一棟建築裡沉醉在老茶中。

在這裡第一次摸到古琴。
為了自己彈奏的小小琴聲。

沉浸在山的夜裡。
餐前的散步到現在，
一段漫長的用餐時光。

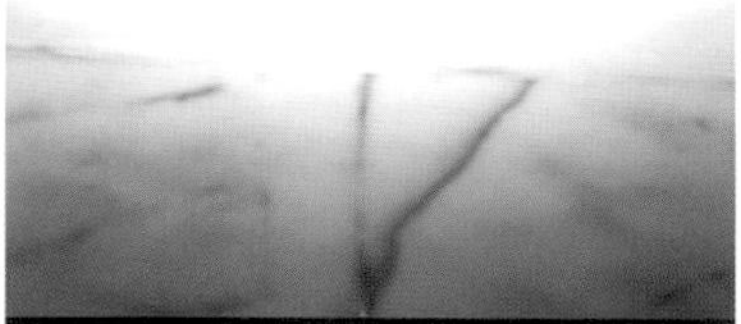

食養文化天地

<食養文化天地>

台北市士林區菁山路 101 巷 160 號　電話 02-9286-2007~9

午餐 12:00 ~ 15:00 ／晚餐 18:00 ~ 21:00　需預約 1200 元

公車數量少，晚上不行駛。從士林坐計程車約 300 元。

小曼的工作室

立刻明白為什麼大家會推薦這裡。

推薦這裡的人，
無人能清楚地說明這個空間。

位於台灣一般的公寓裡，
樹間灑進來的陽光照著寬廣的空間和沉穩的微亮小房間。
有點像歐洲，又有點像亞洲，
可以享受餐點、書道、茶藝的地方。
不久前這裡還是小曼的自家住宅，
兩年前開始創作料理和茶來招待客人。
感覺就像來到一位很重生活品味氣氛的朋友家。

台北最有 sense、主婦、兩個孩子的母親，
茶和習字和料理的老師。

工作室就是 atorie。
走上普通的公寓階梯後，
眼前即是小曼優雅的生活工作室。

優雅極至的用餐時間

這裡提供的是擅長運用和日本不同的台灣食材做成的和風創作料理。1 香蕉、芹菜和黑胡椒的湯。2 加上炸麵包的蝦子沙拉，顆粒黃芥末加上洋蔥泥的湯。3 炸黑豬肉淋醬、玉米飯及烤香菇的味噌湯。4 食後的桌上風景。5 這個人就是小曼。6 用餐前的個室風景。7 醃蕃茄和大黃瓜。蕃茄是用梅酒煮過的特殊口味，很美味！8 飯生魚片和泡韮菜淋上芝麻醬。9 芒果淋上藥草（herb）優格。10 小曼特別推薦的東方美人茶。11、12 像朋友家的小曼的工作室。

<謝小曼>

台北市新生南路三段 22 巷 11 號 3 樓　行動電話 0918-369-535（日文可）

和平東路和新生南路口往公館方向的第二條巷子「翠園越南餐廳」旁往左進去，右側公寓 3 樓。請按鈴。沒有招牌。

午餐 600 元／晚餐 2000 元／ Tea Time350 元～ 需預約

料理為運用台灣料理、客家料理和台灣食材創作的和風創意料理，預約時請和對方詢問。

1

2

3

4

5

6

7

8

9

中午的套餐。料理依當日去市場採買的狀況決定。晚上的套餐再多加2～3道菜。全部都是兩人發想兩人自己動手做的。1冰塊上加上茶葉 慢慢讓茶味滲出。只有特殊的茶才能用這種喝法。2放上像毛一樣細的海藻，再加上蒔茶油和陳睡3年的醬油的手工豆腐。蒔茶油是一種能隔除茶對身體的有害成份，從茶子中萃取的一種油。3當地產的雞的味噌口味主菜，淋上檸檬、紫蘇、蜂蜜、薄荷做成的果醬。4有機蔬菜沙拉。沙拉醬是完全不加油和調味料的水果醬。5四種米和有機高山茶的茶泡飯。泡飯的茶和煮飯的茶種類相同。會叫客人在倒入飯前先嘗一口茶，因為飯裡有特別下工夫，茶在最後一口時味道會突然改變，究竟是什麼味道是用餐時的驚喜。6魚香的蕃茄淋醬。魚剛好柔嫩到能全部吃下。7竹筍的奶油醬。湯底是以南瓜為主，能吃到二種不同的口味。8有機水果。9木耳紅豆湯。

優雅極至的用餐時間

<櫳翠坊>
台北市長安東路1段52巷14號2樓
Tel 02-2562-9542
http://home.kimo.com.tw/tyj585752.tw/
營業時間 11:30 ~ 21:00 華山公園附近。
公寓的2樓。沒有招牌。
午餐400元／晚餐600元
茶水費180元＋茶葉250元～
套餐需前一天預約

櫳翠坊

最親切的店

這裡是食茶空間。
這裡的料理是茶人料理。
只使用必要的食材和必要的茶葉
必要的時候在用餐中泡茶。

這裡的料理是茶人料理。
不是茶葉料理。

為了不讓茶味變淡，餐的量適度減少。
對身體剛好的量。
調味重視食材原味。

茶人料理充滿了創意。

老闆希望客人來到這裡能體會食物、茶和自然的力量。
這是我的堅持，
老闆這麼說。

最細心親切的茶人端出來的料理，飲茶空間。
讓人吃得很舒服的地方。

原住民的生活

台灣的原住民族，
大家都很珍視自己的文化和祖先，
年輕人都十分有根的意識，
而且對自己的出身感到驕傲，
即使離開故鄉的土地生活，
大家也都把故鄉放在心裡。
所以我很好奇到底是什麼樣的地方，
於是去一窺他們的生活。

台東有阿美族、魯凱族、卑南族、排灣族、達悟族六個原住民部落。我拜訪了其中的三個部落。

首先是台灣最北部的排灣族，村裡的人好像都互相認識。臉部輪廓很深加上理著光頭，上半身赤裸，乍看之下很像不良青少年，放著大音量的音樂，正在準備豐年祭。剛開始有點害怕，但這個少年軍團實在太帥了。我一提到希望能和他們全部的人一起拍照，他們立即露出爽朗的笑容爽快地答應。日本青少年時期的孩子應該不會這麼率直吧。理光頭也是為了祭典，都會參加傳統祭典的率直的孩子們。

他們帶我參觀村子，看到了稻草屋頂的傳統建築物，認識的人跟我解釋「這裡是那些孩子們睡覺的地方」，我認定大家都是「無家可歸的小孩」，但心裡卻想著「你們要堅強地活下去喔」，之後就離開了。雖然拜訪的時間很短，卻是個很溫馨的地方。

接著，到台灣最南部的卑南族。在寬廣的公園裡，老人小孩輕鬆悠閒地渡日。我的卑南族朋友和小朋友們玩到汗水溼了整件褲子。

我請他帶我參觀村子，這裡也有類似排灣族的「無家可歸的小孩」住的建築。在卑南族的話裡「巴拉冠」意思是禁止女人進出的地方。所以只能從外面偷瞄。沒有電，什麼都沒有，只有正中央有著像沙堆的地方。一問之下，這裡是豐年祭時青少年舉行成人儀式的地方。進入這裡，要斷食三天，接受各種訓練，還會被打屁股的樣子。以前要在這裡斷食接近兩個星期，被用會發癢的植物打屁股，現在好像變得沒那麼嚴苛了。正因為有這樣的儀式，所以大家的約束力才會比較強吧。我原本以為豐年祭只是大家一起跳舞的祭典，但其他也有許多有趣的祭典。（也就是說剛剛那些排灣族的光頭軍團大家並不是「無家可歸的孩子」囉。）

回去之前在廣場上繞了一圈，看到很多年幼的孩子。每個小孩眼睛都很大很可愛。每個村子裡的大人和小孩大家都到外面的廣場休息，好像整個村子是一家人。感覺實在很溫馨，難怪大家雖然到都市去，還是會時常回想起故鄉的事。

從爺爺奶奶的山上拍攝的風景

沒有鄰居，因為土地太寬廣了。

因為猴子會來棲息，所以山上的樹都被爺爺砍掉了。

之後在阿美族的部落 home stay。
這一頁介紹的是可愛的阿美族奶奶爺爺

アミゾク 阿美族的爺爺奶奶的生活

我一去爺爺奶奶突然開口說出日文。因為幾十年沒有用了，連家裡的人都沒聽過，嚇了一跳。除了平常講的阿美族語外，日文好像比中文還要溜的樣子。

什麼東西都自己動手做的爺爺。

奶奶用自己栽種的蔬菜招待客人。

照片裡寬廣的土地全部是兩個人的。最近山裡的猴子會下山來搗亂，爺爺把山上的樹都砍了。這次換奶奶開始種橘子樹苗。奶奶種的香蕉有點 QQ 的，微酸，但是味道很濃。橘子將來收成一定也很好吃吧。

什麼都是DIY。

Haowei 6歲。
爸爸在台北工作，
和爺爺奶奶三人在
這裡生活。

篩子。實物很大，直徑有1公尺左右。

籃子之1。

竹籃子之2。

阿美族是因為喜歡編東西，才叫阿美族的嗎？（阿美AMI族的發音和日文的「編族」相同）有很多籃子、帶子等編織的手工藝品，現今已不再使用竹子，大多使用專門梱包用的塑膠繩來做手工藝品，顏色多樣，很可愛。

而且，這裡的人什麼都自己DIY。像這樣什麼都自己做真的很厲害。聽說兩人住的房子也是附近的人一起幫忙，自己動手蓋的。

這也是爺爺做的。

蒸籠。

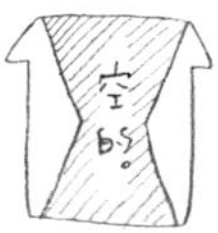

形狀像臼中間是空的。中間窄的地方剛好可以放篩子蒸米。再用三角帽蓋在頭上。

幾年前，孫子帶了台北的朋友回來時，為了朋友去買了冷氣回來自己裝，就是這麼大方又親切。但是，好像裝錯了，把室內機裝在室外，室外機裝在室內。

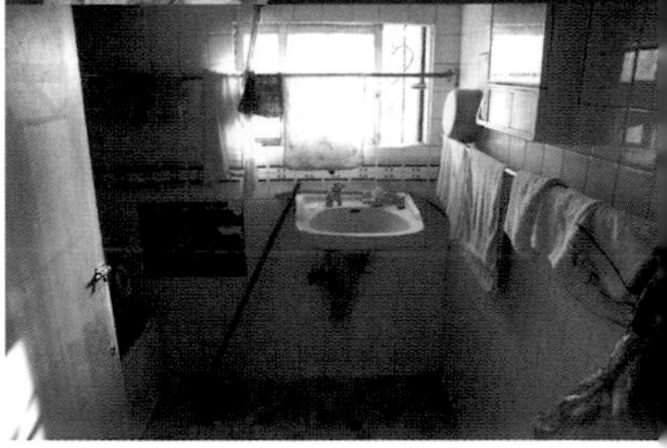

用餐總是在室外。從早餐開始桌上就擺滿了剛蒸好的糯米飯、滷貝類、麵包、筍子和海產山產。幾乎沒有一樣是買來的，全部都是大自然的產物。除了用餐時間，還買了好幾次冷飲和冰淇淋回來給我吃，後來我聽說是特別招待我們的，真的很不好意思，讓兩位老人家這麼費心。

這裡平常是安靜的三人生活，但不知為什麼卻有接近二十倍的椅子。或許是因為每次有客人來爺爺就買新椅子回來。

到了下午，兩人拿出兩張椅子並肩坐下來，默默地看著山裡的風景長達二小時。

豪華

超讚

這些裝飾品全部是這個人圖騰（P. 42）的主唱 SUMING 自己親手做的！→

碰碰

碰碰

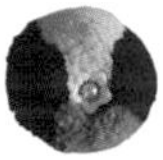

全部手工做的 阿美族の裝飾品。

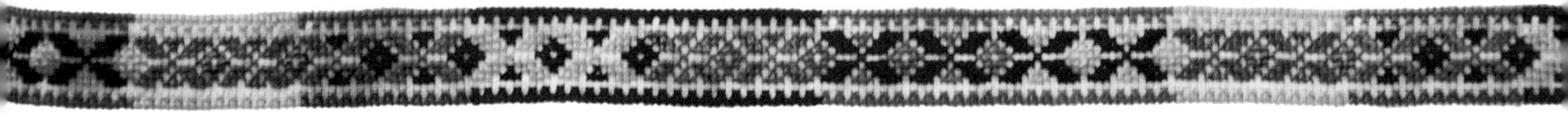

顏色很鮮艷，有一堆碰碰球做裝飾，很可愛，但卻全都是男人穿戴的飾品。男生的傳統服裝這麼夢幻在日本真是無法想像！對專攻染織的我來說，這些模樣和顏色是否有特殊意思？以前的人使用什麼材料？染料是用草木來染嗎？我很想看看這些傳統的東西用以前的材料製作的過程。還有長帶子和只有遮住重要部位的褲子等有趣的衣服，在這裡無法刊登。穿著這些衣服飾品，在祭典或正式的儀式中跳舞的豐年祭一定很有趣。台東、都蘭的阿美族的祭典在每年的7/15~17舉行。每年到了這個時候，在外地都市唸書或工作的年輕人大家都會回家一起熱鬧慶祝，有機會可以去看看。

叉叉

叉叉

圓

圓

圓

毛毛

毛毛

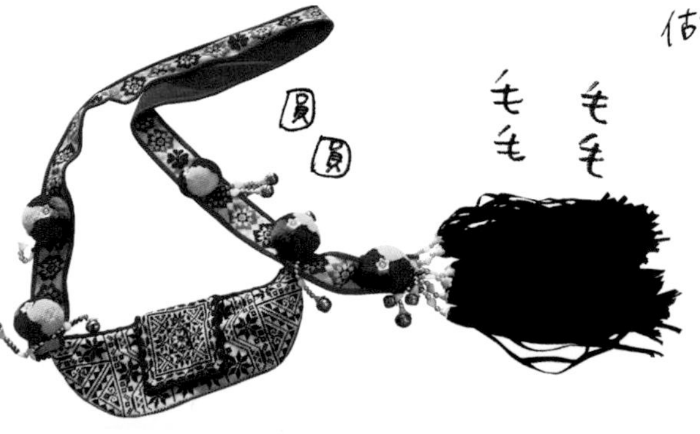

做成小錢包之前的布。
十字繡。

綁在脖子上，
垂放在肩上的飾品。

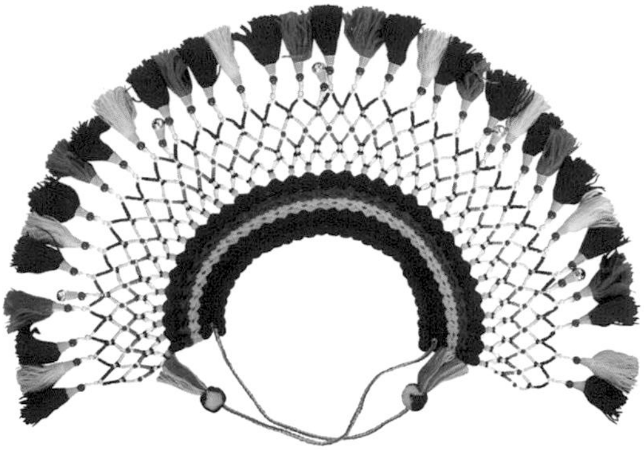

原本這是配合黑色、藍色、白色的傳統服裝的肩飾，現在則是穿 T 恤和運動鞋加上這個頭飾跳舞。雖然是外人的無益之言，但真的很想看他們穿著傳統衣服跳舞的樣子。

十字繡

右頁下方小皮包的肩帶。用十字織法加上顏色鮮艷的花。配合亮粉紅色布做成的。

在屁股上的裝飾。

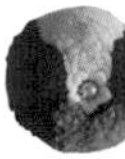

上面綁著有重量的鈴，聲音也很好聽。原住民原本不使用金屬的，和荷蘭人、日本人等住在平地的台灣人以物易物換來的。

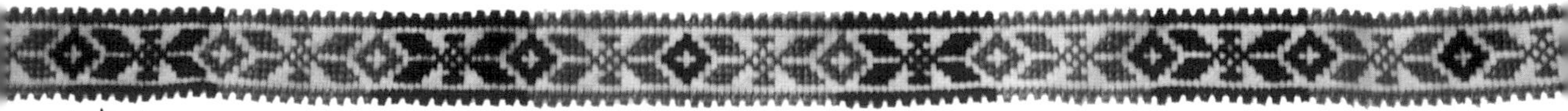

十字繡

和頭部接觸的內側部分有加綿花，膨鬆柔軟。「看起來好熱喔～」雖然不只有夏天會戴，但台灣大部分的時候都很熱。不論如何，這麼多大大的圓球在上面，真的很可愛。

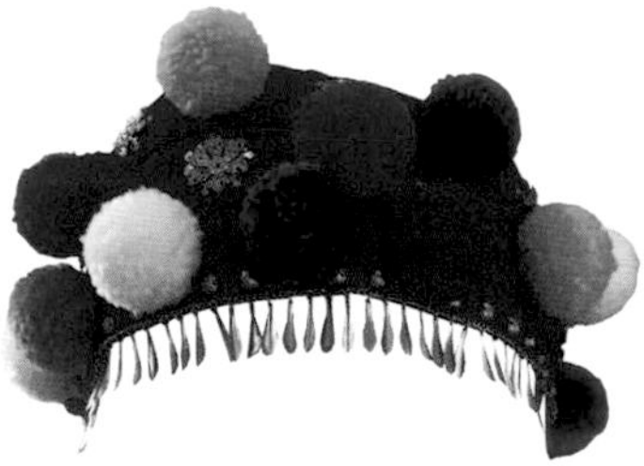

有很多小圓球的頭飾(男生用)。

不是裝飾品，籠子是提供這些作品的 suming 最得意的作品。拍了那麼多樣，介紹其中一樣。

背帶故意成交叉狀，
能像書包一樣後面的籃子。

看到這個，我認為或許聖誕老公公的衣服也應該在白色的地方加上毛毛球圓。這些可愛的白球以前有刺刺的，為了不讓年輕人在儀式中偷懶坐下來而加上去的。

像聖誕老人一樣
綁在屁股上的裝飾。
有很多小圓球的頭飾
(男生用)。

台灣廁所協會的通知

日本のみなさん
トイレットペーパーは、ゴミ箱へ

日本人，請把垃圾丟入垃圾筒裡

大家不太明白的
「台灣式正確馬桶使用方法」。
台灣基本上不能把衛生紙丟入馬桶裡
沖掉。
每個廁所裡都有垃圾筒，
請把垃圾丟到垃圾筒內。
豪華的飯店或許不會塞住，但一般的
地方會塞住。

給渡台者的安全警告

上台灣的廁所不得不注意的是衛生紙的位置。不知在設計或施工中出了什麼問題，有些離得太遠，真的很困擾。也有馬桶位置很奇怪，很難坐的情況。上了之後才發現就太晚了。請注意自身的處境。

東門市場

どんめんしいちゃん

一進去立即看到魚販。
魚的眼睛噗～地凸出來。

從這裡開始！
金山南路一段 142 巷

顏色鮮艷的壽司

台灣人最喜歡的養樂多
在市場也有攤販

←吃完後變成我的專用竹籤

市場是試吃的天國。
試吃完的竹籤不用丟，可以當成自己專用的試吃竹籤。
可以巧妙地從試吃前聚集的歐巴桑間的縫隙穿過，方便試吃。
此外，不用增加垃圾，舉手做環保。
這裡介紹的是我特別推薦的行程，上午去市場散步，中午去鼎泰豐吃午餐。鼎泰豐如果很多人要等的話 請到隔壁的書店，買我的書《奇怪ね—一個日本女生眼中的台灣》以及《麻煩ね—給台灣人的日本人使用說明書》邊看邊等。嘻嘻嘻。

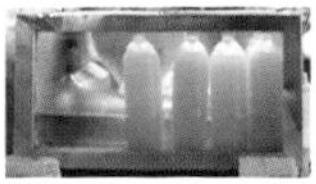

招牌上寫著保證衛生，
玻璃瓶內的甘蔗汁
應該可以安心地喝吧

當我準備拍照時，
賣醃菜的老闆逃之夭夭。

先通到外面，過馬路。
這裡是出口。

↓

肉鬆。用魚或肉做成的，
也有用大豆做成的素肉鬆。
麵包、飯糰、月餅裡都有放。
台灣的必備食物。

↓

穿過馬路後，還有還有

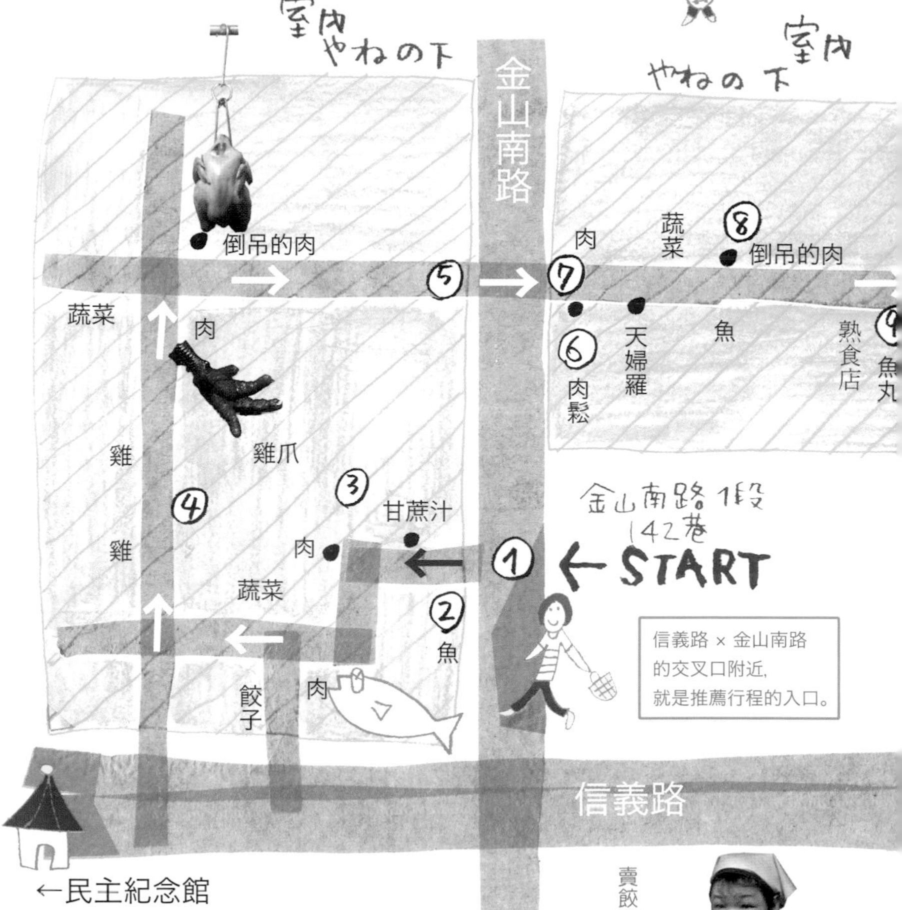

信義路 × 金山南路
的交叉口附近，
就是推薦行程的入口。

昏暗的燈光中肉倒吊著。
後面是賣肉的阿姨。

→

台灣人也很喜歡吃魚丸。

→

賣餃子的阿姨。

東門市場是包含室內及室外的大型市場。前頁的地圖的路線只是繞一趟主要的路，如果中午要去吃鼎泰豐小籠包，請務必先去參觀。請順著路線圖走，不要倒著走。從室內大沱大沱的肉販開始，之後在藍天下一邊幸福地試吃走完全程，是我精心安排的路線。

我喜歡看市場內販賣的大沱大沱的肉。

不管看幾次還是不習慣，只因為在日本看不到這種景象，但其實在世界各地都一樣。人類也在食物鏈中，看到這種風景就讓人想到人也同樣是動物，所以我很喜歡看。

市場裡的雞肉攤只賣雞肉，豬肉攤只賣豬肉，牛肉攤只賣牛肉。

尤其是雞肉攤，可以在店前目睹殺雞的所有過程。

雞籠裡有很多雞，雞籠的上方是宰殺台，活著的雞的頭上是另一隻正被宰殺的雞。被割斷脖子的雞被放入像脫水機一樣的脫毛機器裡，一瞬間變成全裸的雞，然後光溜溜地放在台上。這裡的人整隻雞都吃，所以也有店家會按部位來賣。所以看得到裝著一堆雞心的篩子。

市場裡，大家的笑容裡混合著人類胃的能量和新鮮的蔬菜、水果等自然的能量。

雜貨攤的隔壁有一家只賣內褲的店，還有賣新產品的家庭雜貨叫賣商人和會說日文的老年人，很好玩。還可以試吃，水果也可以只買單個，但卻可以試吃很多樣。週末的上午尤其熱鬧，最好安排週末上午去。

比屁屁還大的仙草

又甜又濃郁的蕃薯

肉後方的笑臉

黑暗中突然現身的印章店

愉快的鳳梨攤

如何去 中正紀念堂站、古亭站徒步約十二分鐘。
信義路×金山南路附近

也有中藥行

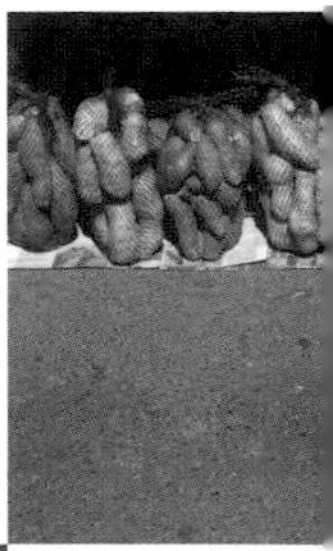

像是雞頭的門簾

魚丸

大沱大沱的肉

迪化街とその近所

迪化街及其附近

有很多奇奇怪怪東西的老街。
無花果、 枸杞、 松子、魚翅、烏魚子、蝦米、花生、花茶、瘦身茶、豐胸茶。
有賣很多奇怪的東西，很好玩好逛的街。也有小點心可以吃，還有店家會提供茶。都是論斤（＊）來賣。可以買半斤或四分之一斤，依自己所需來買。還可以參觀舊建築，還有求姻緣的神。另外，還有好吃的肉包攤子和杏仁豆腐，布市場和永樂市場。可以從雙連車站下車後散步過去，回去還可以順道去寧夏路的夜市逛逛。（＊一斤＝600g）

花茶的名字很可愛喔～！

→放到熱水裡
變成這樣

步步高升
一見鐘情
仙女花笠

黑金鋼

三點～八點左右的攤販。

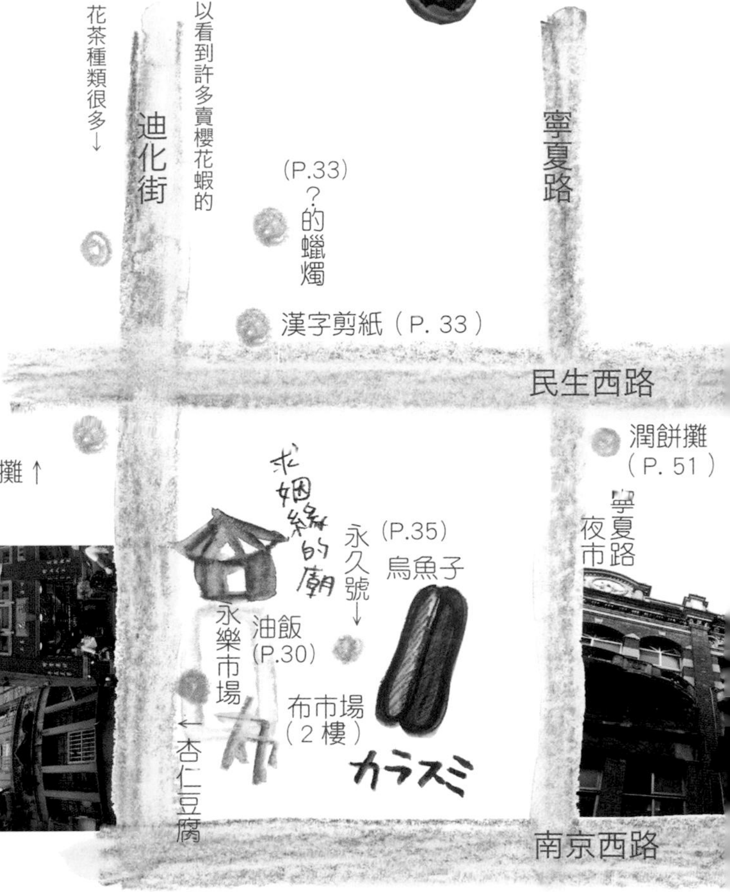
↑往裡面走可以看到許多賣櫻花蝦的
(P.32)
肉包攤↑

推薦的花生。

有大蒜等各種口味。

「黑金鋼」品種的花生味道很讚！

洛神花茶

和芙蓉茶味道有點像，但也有人說不是。

夏天冷飲，酸酸甜甜的茶。

金針花

可以煮湯。

旅行的極至
旅途中表達友善的方法

臉上表情豐富，總是面帶微笑。
笑容可以擊退邪惡！
如果面無表情，沒有人會想親切對待你。
語言如果不通，就使勁全身力量，
用 120%的力氣來表達你的想法。

還有，不要害怕盡量主動和對方說話。
在日本如果有不認識的人突然搭話，大部分的人會很驚訝。
但是台灣人不會。
對不認識的人也能平常心談話，
「這個包包那裡買的？」即使這麼問，也完全不會失禮。
即使不會說中文，
只要說 謝謝。你好。就足夠了。
ありがとう（arigato）。こんにちは（konnichiwa）。用日文也可以。

我雖然很窮，但周圍卻有很多朋友很有錢，
雖然自己是個小人物，但周圍卻有很多大人物，
從以前貧窮旅行時代，我就陸續認識很多有錢人並且受到疼愛，
我是「大富豪獵人」。

不論如何，笑容似乎會帶來好事。
這就是我旅行時的準則。

買東西時，即使擺明看似被坑，還是先露出微笑。
能套到一點交情，價格也自然會回復（甚至算更便宜）。
只要微笑，店主甚至會講情面賠本賣你。（＊註）

但是，「友善的笑容」和「看似好欺負的笑容」不同。
碰到討厭的事，要清楚明白地表現出來。

旅行是否快樂端看你自己。
總之，保持笑容，比平常多兩成的豐富表情就對了！
這麼一來，肯定能和台灣人成為好朋友。

（＊註）這是超厲害的技倆。

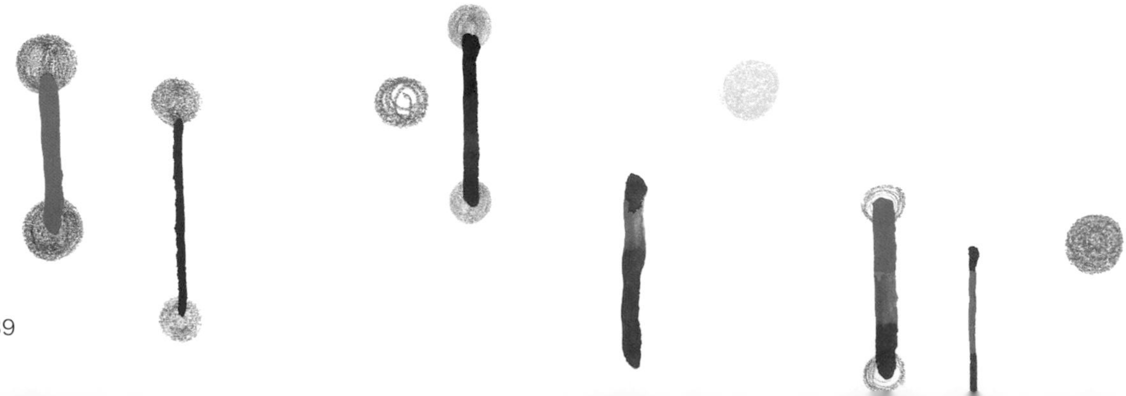

台北的推薦觀光行程

要早起喔!

3 美容院

累的話，

進到美容院裡洗個頭。

泡泡

坐在椅子上就會幫你按摩肩膀。

丟下我一個人。

先去丟泡泡。

4 東門市場

參考 P.132

別吃太多

參觀元氣十足的市場。

混入台灣人中，試吃

各種食物。

7 越來越想買土產。。

C行程

鳳梨酥 參考 P.35

行天宮鳥占卜 參考 P.73

士林夜市

溫泉 參考 P.52

去犁記買鳳梨酥。

離行天宮不遠，可以去

行天宮參觀。之後去地

下的算命街看看鳥占卜。

8 變成胖子Goal

回日本。

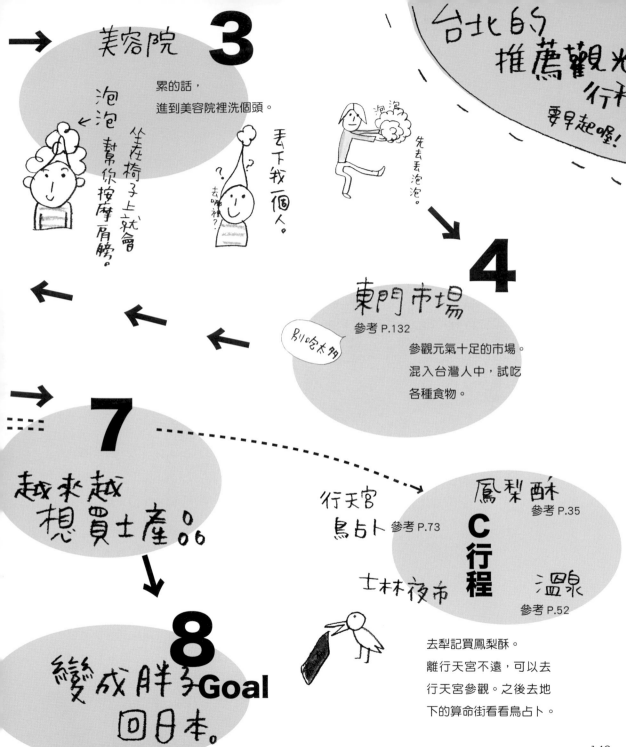

Start

民主紀念館 1

早上九點過後，混入正在做體操和太極拳的人群裡，一起運動。

→

杭州南路的早餐 2

從杭州南路側面的出口出中正紀念堂後就有早餐店，可以吃豆漿和蛋餅。

參考 P.10 鼎泰豐

5

在等號碼時，到隔壁的書店（金石堂）打發時間。

參考 P.77

永康街散步 6

有芒果冰、茶行、雜貨、中國服等等。
為什麼每年越來越貴。

請告訴我每年越來越貴的理由

→ →

A 行程

去迪化街 參考 P.136

寧夏路夜市

肉包和粽子 參考 P.50

一邊試吃迪化街的乾貨當零嘴一邊購物。散步回 MRT 雙連站的途中，在寧夏路夜市忍不住又吃了點東西、之後又吃肉包或粽子。

吃太多零嘴，肚子太撐很痛苦。

B 行程

參考 P.35 畫眉バターソ

參考 P.37 夾子（電鍋專用）

參考 P.112 臭豆腐

參考 P.31 貢糖

在 10 元商店購物。逛逛師大夜市後去金門特產中心買貢糖，然後再到公館買臭豆腐。晚上再去 live house 喝到醉。

Live house 參考 P.20

在這之前我沒有去出版社推銷過，一直自由地過生活，一旦到了想推銷自己的書時，完全不知道應該做些什麼。以前我畫過圖、拍過照、做過設計、雞婆地幫朋友的親手改裝店內、開過染布展、和朋友一起企畫過柬埔寨藝術展、教過孩子們畫畫、到世界各地貧困旅行、打過各式各樣的工，做過的事太雜，但沒有一樣是可以推銷的。因此，我把自己能做的事和在台灣的生活結合，做了一本小冊子「青木由香工作誌」。用心做的結果，這本小冊子為我帶來了不少機緣。想到自己至今經驗過的起伏人生，不禁眼眶泛紅。

我在台灣住的第一年半，來台灣的日本朋友就超過了百人。大家看了我寫的日記來到台灣，然後愛上台灣，並且不斷來台灣旅行。我也希望讀者能和我的朋友一樣迷上台灣。

2002 年 11 月懷著各種複雜的心情來到台灣開始按摩的修行時，根本沒想過我會寫關於台灣的書。我很感謝支持照顧我的日本和台灣的朋友。謝謝大家。

能和台灣邂逅真的很幸運！這是我的結論。

萬歲

青木由香

結語 Q

這本書有用嗎？
寫完之後有點擔心。
當要寫結語時，拿出採訪筆記來看，原來寫了這些東西。
原本想寫一本大家沒有見過的快樂又充滿魅力的旅遊書。
希望這本書能讓台灣人和日本人成為好朋友。
台灣人可以驕傲地介紹台灣的書。
對台灣沒有興趣的人看了會愛上台灣的書。

這些目標是否都達到了？
雖然當初設定了這些目標，
但因為我是路痴。
好惡又很分明。
文筆又不好。
這樣的人寫的旅遊書，不知大家是否覺得有用？

但是，我很努力了。
採訪、照片、插畫、設計，全部一個人包辦。
我很喜歡把自己喜歡的事傳播出去，讓大家也能喜歡，於是想介紹台灣，並於 2003 年年底開始行動。

這本書有用嗎？

這本書有用嗎。

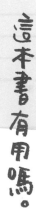

中文版後記

寫這本書時 我在日本整整兩個月關在房間裡頭。雖正值盛暑，我卻連澡也沒空洗，走動的時間只有從位子到廁所之間。即使發燒，還是徹夜不眠地繼續趕書。雖然一方面也是因為自己的懶惰才導致時間不夠，但日本嚴謹的工作方式，對於已經台灣化的我來說，真的很苦。總之，我一心只想盡快回台灣，一邊寫這本給日本人看的書，腦袋想的卻全是台灣人會不會接受書的內容，像是「這麼寫那家店的阿伯會開心嗎？」或是「拿著這本書到台灣旅行的日本人會不會給台灣人添麻煩？」等等。

這本書在日本出版時，我人在台灣。

知道我很努力寫這本書的朋友們，有好幾個人特地去書店看書擺在店面的模樣並且拍照寄給我。或把直立的書擅自擺在平台上明顯的位置；或是明明不買卻特地到沒有賣這本書的書店訂購。看到電車中有人在看台灣的書，還會特地跟對方說：「《台灣你好本子》這本書很棒，要看喔！」向不認識的陌生人推薦我的書。（註：日本人除了心懷鬼胎的人外，一般是不會向陌生人搭話的。）甚至還有朋友跟我說，他一手拿著我的書，感受到我的成長，在電車中哭了起來而無法讀下去。

這本書出版後，當我穿得很隨便到書中介紹的麵店去吃飯時；去占卜師蓮小姐的家厚著臉皮擅自吃她家的點心時；或是去茶館大聲說話時，曾在台北的各處遇到拿著我的書的日本人。還有人讀了我的書到我的部落格留言，甚至寫 mail 給我，說是我的書迷，讓我結交了越來越多喜歡台灣的朋友。

這本書讓我想起很多人，為很多人所支持，並讓我邂逅了更多人。

還有讀者跟我說，雖然這是一本旅遊書，「因為看了書而變得有元氣」或是「受到我的鼓勵，認為天下沒有無法實現的夢想，並隨身帶著這本書當成聖經，通過了困難的考試！」等等。另外有讀者跟我說，不知道為什麼「運氣變好了！」雖然自己說有點不好意思，但這本書似乎不只是一本旅遊書。

書的主題「或許能和台灣人成為好朋友的指南」，讓我再度體會朋友真的太重要了。所以我希望台灣人也有機會讀這本書，藉由本書了解台灣人自己也沒有發現的台灣的魅力。這次中文版能如願地出版，我真是高興得飛上了天。希望藉由此書日本和台灣之間能有更多人成為朋友，日本和台灣之間能有很多快樂的事發生！

二〇〇八年 早春

青木由香

特別感謝。

如果沒有你們的幫忙
這本書就沒辦法完成。

先川原弘美小姐
陳琪惠小姐
ASCII 野末尚仁先生
Suming 先生
張心昱小姐
湯淺泉先生
田上浩先生
韓秀玫小姐
繆沛倫先生
路邊的台灣人

ありがとう。

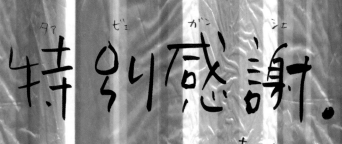